Storytelling salvaje

Storytelling salvaje

ISRA BRAVO

alienta
EDITORIAL

© Centro de Libros PAPF, SLU., 2024
Alienta es un sello editorial de Centro de Libros PAPF, SLU.
Av. Diagonal, 662-664
08034 Barcelona
www.planetadelibros.com

Primera edición: febrero de 2024
Sexta edición: marzo de 2026
Depósito legal: B. 1.060-2024
ISBN: 978-84-1344-298-3
Composición: María García
Impresión y encuadernación: Liberdigital, S. L.

Printed in Spain - Impreso en España

Sumario

Introducción

23 de abril de 2023.
Barcelona. Domingo, día de Sant Jordi.

Había llegado la noche anterior desde Valencia después de dar una charla para copywriters.

Esa noche apenas dormí y no era por nervios ni nada parecido. Simplemente hay noches que sucede. Noches en negro. No tiene por qué ser algo malo. Pueden ser noches en negro que, a su vez, sean noches brillantes.

Aquella noche fue una de ésas. Tuve recuerdos de mi infancia.

Entonces me pasé la noche pensando en aquella fascinación que tenía de niño por los relatos cortos de finales impactantes, de esos finales que con una frase te lo dicen todo y, a la vez, te dejan a ti que lo imagines tal como quieras. Eso tiene un poder enorme para quedarte pegado en la mente de la gente. Enorme.

Recordé muchos de esos relatos. Uno en concreto era de un tipo que estaba descansando en su casa después de un día de trabajo agotador. Se puso una copa de vino, se sentó tranquilamente en su sillón, respiró hondo y cerró los ojos. Con una mano sostenía la copa de vino y con la otra acariciaba la cabeza de su perro...

Hasta que cayó en la cuenta de que no tenía perro.

Joder, aquello se me quedó grabado a fuego. Ese final. Esa frase. Me parecía algo mágico —me lo sigue pareciendo— que utilizando las palabras adecuadas podamos ir a otros mundos. Esta forma de escribir, estos finales, permiten al lector completar toda la historia. Se lo das y le dices: «Toma, ahí lo tienes, éste es el final, haz lo que quieras».

Lógicamente, lo que hice a partir de ese momento fue imitar eso una y otra vez. Quería escribir historias donde con una sola frase al final lo dijera todo y nada. Me pasé así buena parte de mi adolescencia.

Cuando empecé mi carrera como copywriter entendí el enorme poder que tenía esto para la venta. Y es algo de lo que te hablaré en algún momento de este libro. Pero vamos por orden. En las palabras está todo. Domina las palabras y la vida será un viaje muy distinto.

Bueno, pues en esas cosas me dio por pensar aquella noche negra y brillante en Barcelona. En mis primeras lecturas impactantes de niño y en el poder inmenso de las historias. Las historias son el verdadero patrón oro. Quien entienda eso y lo sepa utilizar, gana la partida.

Bien. ¿Y qué hacía yo en Barcelona el día de Sant Jordi pensando en todas estas cosas?

Había ido para firmar mi segundo libro. Tenía programadas cuatro firmas. Tres de ellas por la mañana y una por la tarde. A las seis de la mañana estaba en la calle, en Passeig de Gràcia, justo enfrente del hotel donde me alojaba esos días. Era un hotel con un precio alto. Todavía era de noche, pero se notaba mucho movimiento en la calle. Un montón de camiones bajando tablas y lonas para hacer las casetas en las que luego estarían miles de libros expuestos, gente colocando material, servicios de limpieza, policía y los primeros curiosos que supongo que, como yo, tendrían una de esas noches donde no vence el sueño. Noches en *negro* donde, a veces, sucede.

Me fijé en uno de los camiones. Tenía las dos puertas de atrás abiertas de par en par y cuatro tipos en corro charlando y haciendo bromas. Parecían disfrutar del trabajo y no pude evitar acordarme de que hace sólo unos años yo era uno de ellos. Que mi trabajo era justo eso, descargar camiones. Y aquel día 23, Sant Jordi, mi vida había cambiado tanto que no tenía que estar descargando camiones, mi trabajo era firmar libros. Sonreí por dentro, me sentí muy afortunado por el giro que había dado mi vida cuando ya andaba al borde del precipicio.

Recordé que unas de las cosas que estuve a punto de hacer, antes de empezar mi carrera como copywriter, fue montar una cervecería. No tenía dinero, pero confiaba en que me pudieran avalar y conseguir 50.000 euros para un traspaso y poner aquel negocio a funcionar. Sinceramente, no hubiera logrado ese aval y es una suerte que aquello fuera así, pues me permitió dejar aparcada una idea que me habría llevado a la ruina más absoluta. Si hubiera logrado abrir esa cervecería con un préstamo, no estaría amortizado a la llegada de la pandemia esa famosa, habría tenido que cerrar con un montón de deudas y mi vida hubiera sido, seguro, muy distinta. Supongo que es algo bastante humano preguntarse qué cosas podrían haber pasado dependiendo de los caminos que vamos eligiendo, pero hace tiempo que dejé de hacer eso más allá que como un simple pasatiempo de breve duración. Sencillamente, vivo. No pienso en lo que no vivo, pienso en lo que vivo. Es mejor así.

Así que allí estaba aquella mañana, viendo todo ese ajetreo de gente y camiones para uno de los grandes días en la vida de un escritor. Sant Jordi. Sonriendo por dentro y pensando lo generosos que eran los dioses por permitirme vivir aquello. Era un tío afortunado, era un tío muy afortunado. Imagino que siempre lo he sido, después de todo.

Los cuatro tipos que estaban a las puertas del camión seguían ahí, hablando entre risas, y uno dijo que era hora de poner fin al descanso. Así que me acerqué a ellos y les pregunté:

—¿Os puedo echar una mano?

Me miraron extrañados. Yo era un tipo con una gorra, con camiseta y pantalones con bolsillos a los lados que aparece en medio de la noche para ofrecerse a trabajar. No debe ser lo más normal del mundo, pero me pasa muchas veces. Cuando hago una mudanza, siempre me pongo a descargar con los operarios que vengan. Da igual que yo sea el que los contrata, cuando veo bultos y un camión no lo puedo evitar, no me puedo quedar mirando. El caso es que uno de ellos dijo:

—Claro, siempre son bienvenidos otros dos brazos.

Uno subió a la parte de atrás del camión y el resto hicimos una cadena. Íbamos pasando tablones con los que luego se montarían las casetas para las firmas y después de una media hora acabamos. Estaba empapado en sudor. Me ofrecieron agua y me preguntaron que si había ido para ver Sant Jordi.

—He venido a firmar.

Se rieron, pensaban que era una broma.

—Sí, sí, he venido a firmar mi segundo libro.

—No jodas, ¿y qué haces a estas horas descargando un camión?

—Antes de ponerme a escribir me dedicaba a descargar camiones[1] y, bueno, os he visto ahí y he pensado que si

1. Si quieres saber cuándo y cómo me dedicaba a descargar camiones termina este libro y hazte con el primero.

vengo a Sant Jordi, trabajo descargando camiones y luego firmando, sería un día más completo. Además, antes estaba en forma así que es una forma de ir al gimnasio, pero gratis.

—Ja, ja, ja, ja, hostia, qué bueno. ¿Y cómo se llama tu libro?

—*En realidad, escribo para follar.*[2]

—Ja, ja, ja, ja, ja, ¿en serio?

—En serio.

—Pues lo vamos a comprar. ¿Cómo te llamas tú?

—Isra Bravo.

Me despedí de todos ellos con un apretón de manos. Cuando entré de nuevo al hotel, el recepcionista, que lo había visto todo, me miró sorprendido. El tío sabía que yo iba a firmar porque mi editorial, Alienta, les había mandado cajas con preservativos y camisetas para regalar en la firma. Les habíamos pedido almacenar las cajas en el hotel para tenerlas a mano en un día que pintaba intenso. Así que no debe ser muy normal que un cliente que paga 400 euros por noche y que va a firmar libros a Barcelona, baje a las seis de la mañana y se ponga a descargar un camión. Supongo que siempre he sido un inadaptado y que eso no iba a cambiar porque mi vida ahora fuera muy distinta. ¿Pero qué puedo hacer? Me gusta sudar con los que sudaba antes. Con los que reía antes. Con los que fracasaba antes. Con los que sufría antes. Con los que soñaba antes.

Ya en la habitación me di una buena ducha, me miré al espejo desnudo y me prometí levantar más hierro o descargar más camiones. Nunca sabes las sorpresas que te puede dar la vida. Estar fuerte es una buena opción por si acaso.

2. El título «oficial» del libro es *El libro de copywriting*, pero ésta es la frase que figura justo antes del título y así me gusta llamarlo.

Tardé casi tres horas en volver a bajar, dejé escrito el e-mail del día y me fui a tomar un café. Iba con la misma ropa que para descargar el camión, pero la versión limpia. Tengo el mismo modelo de pantalones y camisetas repetido varias veces. Así que sólo tuve que pillar los no sudados. Es algo que me permite no dedicar tiempo a ver qué me pongo. La verdad es que me da igual qué me pongo. Sólo me apetece estar cómodo. Y si me visto como si fuera a descargar un camión, estoy cómodo.

La calle había cambiado por completo, el sol estaba brillando con fuerza y había riadas de personas de un lado a otro. La gente parecía feliz y relajada. Iban con rosas, iban con libros, iban de la mano. Tenía pinta de que iba a ser un día glorioso.

Lo fue.

Y justo así, y con lo que viene ahora, es como tú podrías ganar mucho dinero gracias al storytelling salvaje.

Si no te va este QR aquí es donde te debes dirigir:
<http://www.motivante.com/salvaje>

1

Vende, hijo de puta. No seas cursi

Una cosa debemos tener clara: hay que vender. Hay gente que se pone el traje de cultureta, de esnob, y se considera demasiado artista como para hacer promoción. Como si el mundo tuviera que ir a buscarlos a su casa del inmenso talento que tienen. Tonterías y complejos. Sal ahí fuera y vende. Ésa es la parte más importante del trabajo. Una vez escribes, pintas, cantas o lo que sea que hagas, tienes que salir ahí fuera y venderlo. Si no lo vendes, no sirve de nada. Tienes la obligación de venderlo. De expandirlo. De honrar tus talentos y tus esfuerzos. Al menos, de intentarlo con todas tus fuerzas. Lo contrario son excusas de mal pagador.

Mira.

En esta vida no te puedes fiar de un cursi. Y alguien al que vender le parece algo sucio o deshonesto o inferior o poco artístico es un cursi de cojones. Tu trabajo empieza cuando acabas tu obra. Justo ahí es cuando te tienes que poner a trabajar más duro que antes. Es más, te diré algo: ganar dinero es, posiblemente, el arte más difícil de todos. Todo el mundo quiere dinero. Es la competición en la que más gente participa. Unos lo disimulan y otros, no, pero querer, quieren. El mundo está lleno de gente que dice «el dinero no es importante», pero creo que no saben lo que dicen. Que lo dicen por decir. Que es una frase hecha. Si se detuvieran un momento a pensar, se darían cuenta de que el dinero les importa más de lo que están dispuestos a reconocer. Por dinero están gran parte de su vida haciendo cosas que odian profundamente. Esto lo leí en algún sitio, pero no recuerdo dónde, la verdad. No me meto con ellos, yo he trabajado en lugares terribles por apenas algo de dinero, pero nunca me engañé, nunca dije que el dinero no me importaba.

¿Y ese cuento de que el dinero es malo, de que el dinero te corrompe? Si el dinero te corrompe, lo mismo vienes corrupto de casa. Dicen que el dinero cambia a la gente, pero es mentira. Eso lo dicen los que nunca lo han tenido. El dinero muestra tu verdadera naturaleza. La potencia. Si eres un cabrón, con dinero se notará más, pero cabrón ya eras. Y si eres generoso, con dinero lo serás más. Es simple. Nadie se vuelve mala persona por ganar dinero. Eso es un cuento para tenernos pobres y controlados y despreciar al que destaca. Para hacer a la gente sentirse mal y dependiente. El dinero, simplemente, potenciará lo que sea que ya seas (y, desde luego, hará tu vida mucho mejor). Pero no sólo no te cambiará, es que se te verá más claro que nunca. El dinero te volverá transparente a ojos de un buen observador. Es más, es muy probable que cambien más los de alrededor que tú. Y donde antes eras feo, ahora seas guapo. Es lo que hay.

Así que no sólo no deberías sentir vergüenza de tratar de vender tus historias, tus libros, tus relatos, tus canciones, es que deberías sentir vergüenza si no lo haces. Si te pasas años escribiendo y nunca lo culminas, si nunca lo presentas, sólo te pasa una cosa: tienes miedo a ser juzgado. Y eso no te puede frenar. Deberías hacer caso a unas palabras de Theodore Roosevelt que decían así:

> No es el crítico el que cuenta ni el que señala cómo el hombre fuerte tropezó o cuándo el hacedor de los hechos podría haberlo hecho mejor. El reconocimiento pertenece al hombre que está realmente en la arena, cuyo rostro está desfigurado por el polvo y el sudor y la sangre; aquél que se esfuerza con valentía, que se equivoca y se queda corto una y otra vez, porque no hay esfuerzo sin error o deficiencia; aquél que sabe de grandes entusiasmos, de grandes devociones y se sacrifica por una causa digna, que quizá logra al final conocer el triunfo y que, en el peor de los casos, si fracasa, al menos lo hace por atreverse a mucho, de modo que su lugar nunca estará con aquellas almas frías y tímidas que no conocen ni la victoria ni la derrota.

Deberías leer ese párrafo de Roosevelt cada vez que te preocupe exponerte. No dejes nunca que los que juzgan desde la barrera te frenen. No dejes nunca que la crítica cobarde del que no está en la arena guíe tus pasos. Recuerda, no es el crítico el que cuenta, ni el que señala los errores de los demás desde el sillón infantilizado de su casa. No son nadie. Sólo son miedo y frustración. No los dejes guiar tus pasos. No pierdas tu tiempo en esa gente. Si te expones, te van a juzgar, pero no debe preocuparte porque será precisamente eso lo que elevará tu alma, lo que te descubrirá el orgullo verdadero de los que te quieren. La derrota y la victoria son parte del maravilloso juego de la vida del que realmente está jugando, viviendo y sintiendo. Si sales ahí fuera a pelear, ganes o pierdas, serás una persona más grande, más digna y más valiente.

Escribe lo que sea que tengas que escribir y sal ahí fuera a venderlo. Esto es lo que te voy a mostrar en este libro. No sólo pretendo darte herramientas para que escribas historias, es que te daré las herramientas para que las vendas.

Vender y vivir es lo mismo. Es algo que repito una y otra vez y no me cansaré de hacerlo mientas viva.

Una vez escuché a Arnold Schwarzenegger decir lo siguiente:

> ¿Sabes por qué me convertí en una estrella de las más taquilleras? Porque siempre supe que rodar la película era la mitad del trabajo. La otra mitad era venderla. El mundo está lleno de idiotas que se creen demasiado artistas para ponerse a vender. Hay que vender. Cuando yo acababa una película, me ponía como loco a venderlas. A promocionarlas. Algunas llegaron muy lejos. Con otras nos dimos una hostia de taquilla, pero siempre con una cosa clara: en la vida hay que vender nuestro trabajo.

Lleva razón. Este tipo lleva razón. Y es por esto que he querido empezar este libro dejándolo muy claro. Aquí no te voy a decir lo que es el storytelling, aquí te lo voy a mostrar y, lo más importante de todo, te voy a enseñar cómo utilizarlo para que vendas. Para que vendas mucho. No me sirve de nada que escribas un buen libro si nadie lo lee. Tienes que venderlo. Haz un favor al mundo y no te conviertas en uno de esos cursis pedantes que ven su arte demasiado elevado como para que nadie lo compre o entienda. No te compran por coñazo, tío. Sólo pasan dos cosas cuando alguien piensa así sobre su arte:

- Es un acomplejado.
- Es un gilipollas.

Aunque el libro sea de otro. Aunque la web sea de otra persona. Sea lo que sea lo que vendas. Vende, hijo de puta.

2

El niño. El hombre. Y los tres elementos imprescindibles de toda historia posible y vendible

Mira.

Nunca gané ningún concurso de poesía en el colegio. Ni de relatos, ni de canto, ni de nada. No tenía un don para nada artístico. Ni para nada deportivo. A mí me gustaba mirar y escuchar. Y supongo que en buena parte gracias a eso aprendí tres cosas sin las que no se pueden escribir historias que vendan. Las aprendí de niño, pero no las apliqué y entendí realmente hasta ser adulto. Lo importante es que no te puedes saltar ninguna de ellas. Hacer las tres no te garantiza nada, pero no hacerlas te lo garantiza todo. Esto es, no lograr nada.

Cuando estaba en el colegio quería ser bueno descifrando a la gente, sintiendo a la gente. Eso era mucho más divertido que estudiar. El único don que recuerdo (y en realidad no tenía ningún mérito pues no hacía nada por tener aquello) era el carisma. Era un niño carismático. Por alguna razón que nunca me preocupó, eran muy habituales las escenas en el intercambio de clases en las que muchos de mis compañeros aprovechaban la ausencia del maestro para arremolinarse alrededor de mi pupitre. Más de una vez entró algún profesor y dijo:

—Ya estáis otra vez alrededor de Isra, ¿qué os da?

Nadie sabía la respuesta. Yo no era simpático, ni popular. Era un chaval más bien introvertido que, como cualquier otro niño, se pasaba el día soñando. Mi sueño recurrente era ir de la mano con una chica en una barca. Ya está. Mi sueño no se lo contaba a nadie. No me parecía de chico duro decir que soñaba con ir de la mano de una chica y encima en una barca. Pero esa idea me obsesionaba. Chica y barca y sólo ir de la mano. Nada más.

A base de observar y observar, fui entendiendo algo mejor los comportamientos del ser humano. Al menos, los más predecibles. Una de las cosas que más me interesaba saber, por ejemplo, era cómo hacer que la gente haga cosas sin que se sientan incómodos, sin que parezca que se las impones. Desarrollé una buena intuición para eso. Empecé por observarme mucho a mí. Me di cuenta de que odiaba estudiar por dos razones fundamentales: la primera es que no me enteraba de nada y la segunda, y no menos importante, es que odiaba recibir órdenes. Odiaba la imposición. Sin embargo, pronto comprendí que la gente necesita ser guiada.

La gente necesita que la lideren. La gente necesita que le digan lo que tiene que hacer. Y alguien tiene que hacer eso. Entonces, para contar una buena historia, para transmitir bien un conocimiento o una idea, tienes que dejar que la otra persona la haga suya, la imagine, la disfrute y luego la ejecute. Es más, es que inevitablemente la hará suya. Lo que escribes deja de ser tuyo en el momento en que otro lo lee y lo siente. En ese momento pasa a ser del lector. Tú no eres dueño de nada. Pero el lector debe ser guiado por ti. Liderado por ti. Es tu responsabilidad como escritor.

¿Y cómo lo logramos sin crear resistencia?

Haciendo que sea interesante. Para ti y para ellos.

Te cuento.

En clase, en el colegio, odiaba profundamente escribir. No sabía seguir un dictado, mi dislexia era muy aguda, no entendía nada. Sin embargo, al llegar a casa necesitaba escribir. Repito. Necesitaba escribir. ¿Cómo puede ser eso? Porque lo hacía interesante para mí. Era mi manera de entender el mundo o de escapar de él. Escribir un relato de la clase de naturales era una tortura, pero escribir un relato de la clase de naturales donde pudiera mezclarlo con la idea de jugar al fútbol con animales y que el árbitro fuera el viento huracanado de alguna isla desierta, por ejemplo, me parecía mucho más divertido y me permitía imaginar a lo grande. Quiero decir, entendí que todo era mucho más interesante si lo filtraba bajo mi mundo. Si desarrollaba mi propia manera de verlo. Si lo hacía interesante para mí.

Entonces me esforcé mucho en aprender a leer bien —era algo que también me costó mucho— para poder leer lo que me diera la gana. Leía con una linterna debajo de la cama, por las noches. Leer y escribir era (y es casi siempre) lo mejor del día, lo mejor de la vida: las historias, la venta y la vida. Mi madre también me ayudó mucho en eso, me contaba montones de cuentos. Entonces lo tuve claro: si quería que la vida fuera interesante debía poner mucho de mi parte. Debía crear mis mundos. Mi manera de entenderlos. Y escribía y escribía un montón de cosas que, a los diez minutos de escribirlas, no era capaz de entenderlas. Letras cambiadas, muchas faltas, mayúsculas, minúsculas... Una locura, pero daba igual porque mientras las escribía todo tenía sentido en mi cabeza. ¿Que había que hacer un trabajo de religión? Fácil, metía detectives o astronautas entremedias. Lo hacía interesante para mí. Lo mezclaba todo, lo escribía para mí. Alguna vez entregué algo así en el colegio y me suspendieron. Pero no me importaba, simplemente, para poder soportarlo necesitaba que fuera interesante para mí, necesité construir mi mundo. No fue por talento ni vocación, escribía por necesidad. Es cierto que después de un par de intentos me limité a no entregar casi nunca nada, suspender casi todas las asignaturas y entender que la vida era mucho más interesante fuera que dentro del colegio. Nunca me he sentido orgulloso de ser un mal estudiante, eso sería estúpido. Pero tampoco me he sentido jamás avergonzado. Eso sería aún más estúpido.

Pero eso de hacerlo interesante para mí fue lo que me hizo entender que para que los demás nos hagan caso, lo tenía que hacer interesante para ellos. Tenía que salir de mi cabeza y entrar en la suya. Necesitaba saber qué quieren para poder vendérselo. Y para eso hay que observar. Hablar poco. Callar mucho. Entonces, entendí tres cosas imprescindibles para escribir historias que traigan seguidores y ventas.

Primer punto imprescindible:
El candado de tu alma y la magia
de sentir todas las vidas.

El niño

Susana era una chica de mi clase. Era muy gordita y cariñosa. Además, a mí me parecía guapa. Su cara era bonita, redonda y dulce. Nunca acaricié su cara, pero la imaginaba suave. Era de piel oscura. Con pelo negro que le llegaba hasta los hombros. Cuando sonreía le salía un pequeño hoyuelo en el moflete derecho y se le veían unos dientes muy blancos. Sus ojos eran un poco achinados y tenían esa expresión que tienen algunas miradas que parecen preguntarte: «¿Qué puedo hacer por ti?». Ella miraba así. Hay miradas así, ya sabes. «¿Qué puedo hacer por ti?» Susana era una chica generosa. Le gustaba compartir sus rotuladores, sus folios y sus aficiones con las demás niñas. A los chicos no nos hacía mucho caso. A mí tampoco. Pero yo la observaba. Me gustaba mirarla. Era buena. Y mí me parecía guapa. ¿Qué más necesitas para mirar a una chica?

La madre siempre iba a buscarla a la salida del colegio. Ella parecía loca, no era como su hija. Tenía la mirada perdida, hablaba muy alto y siempre parecía estar regañándola. No me gustaba. Susana se merecía algo mejor. No había duda al respecto. Recuerdo una tarde gris, un momento gris, un alma gris. La madre de Susana esperaba en la puerta. Salimos todos a la vez del colegio y varios nos quedamos alrededor de esa madre esperando que vinieran a recogernos, no sé por qué nos juntamos ahí, supongo que por ser la puerta del colegio, supongo que era porque había un mayor. Supongo.

La madre le dio una manzana y le dijo:

—Toma, sé que la fruta no te gusta pero tienes que dejar de comer bollos.

Aquella frase fue extraña, forzada, no era necesaria. Yo me puse algo nervioso porque escuché un par de risas muy tímidas y noté cierta tensión. Hubo un momento de silencio. Éramos cinco o seis niños alrededor de Susana y su madre. Cuando parecía que lo de la manzana era suficiente humillación, alzó la voz y dijo, textualmente:

—Sí, reíros, pero hemos tenido que poner un candado a la nevera para que la niña no la asaltara por la noche para comérselo todo.

Estallaron las risas a mi alrededor. Aquella mujer parecía satisfecha con su chiste, con su supuesto ingenio, sonreía al ver cómo a los niños les había divertido su ocurrencia. Miré a Susana y pude sentirlo... Pude sentirlo. Yo también noté el ardor en las orejas, la ausencia del aire, los pinchazos en el pecho, la soledad, el vacío. Yo también quise esconderme en una cueva y no tener que ver a esos niños nunca más, no tener que volver a escuchar esas risas, ni la metralla de aquella frase dentro de ella, dentro de mí. Al mirarla pude sentir todo eso. Pude sentir el golpe, la decepción, la desesperación.

Se le empañaron los ojos, a mí también. Por primera vez en mi vida tuve un nítido instinto asesino. Si hubiera podido apretar un botón, habría matado a su madre. Pero no había botón. Sólo una niña destrozada y humillada por quien tenía obligación de protegerla y hacerla fuerte. Un vulgar animal, eso era su madre.

En medio de aquel destrozo, de ese bosque arrasado, aparecieron las madres de los demás. Cada uno se fue por su lado. Yo observaba a Susana. Caminaba con sus ojos achinados mirando el suelo. Era una tarde gris que nunca olvidaremos, ni ella, ni yo.

El adulto

Hay algo que hago todos los días. Todos los días me pongo en la piel de alguien. A veces escojo a alguien muy desagradable, otras a alguien muy aburrido. Da igual. Todos los días lo hago. Un rato cada día.

Posiblemente, la cosa más aburrida del mundo sea hacer cola en un banco. Entonces, cuando iba a los bancos y tenía que hacer cola, en vez de pensar lo terriblemente aburrido que era esperar, pensaba en la persona que iba recibiendo a los de la cola. Pensaba en qué es estar cada día, durante ocho horas, esperando a una persona tras otra para actualizar una cuenta, pedir un préstamo, renovar una tarjeta, negociar unas comisiones... Todo aquello me parecía terrible.

Simplemente haciendo eso, este simple ejercicio, ya mejoras a la hora de contar historias que venden. Sólo con esto que te acabo de decir. Si eres capaz de salir de tu cabeza. De dejar de pensar en ti. La cosa no va de ti, va de ellos.

Recuerdo un día sentado en un banco —no en uno de los de hacer cola, sino en los de sentarse—, se detuvo un autobús, iba lleno, la gente tenía puestas las mascarillas, delante había un coche atravesado y empezaron a sonar los cláxones. Pensé en ese conductor, con su autobús lleno, con mascarilla, con gente protestando... Sin duda era un mal día para ser conductor de autobuses. Siempre pienso en esas situaciones, me pongo en la vida de otras personas. Haciendo eso me resulta mucho más fácil escribir e-mails o cartas de ventas, me resulta mucho más sencillo encontrar las motivaciones humanas.

Éste es el primer elemento imprescindible para escribir historias que generen millones de euros en ventas. Ya sean libros, e-mails o cartas de ventas, da igual. La empatía. Vas a tener que ser una persona empática. Capaz de salir de tu cabeza y entrar en la del otro. Sin empatía no hay nada que hacer. Hay personas que son más empáticas que otras, pero todas, como casi siempre y para casi todo, podemos mejorar la base que tengamos. Te recomiendo que todos los días interiorices a otra persona como ejercicio empático. En mi opinión no solicitada de hoy, sin trabajar esto no llegarás muy lejos escribiendo. Y, personalmente, me alegro de que así sea.

Segundo punto imprescindible:
El niño cerdo y sucio que sabía
mucho del agua limpia.

El niño

Nunca había ido de campamento, pero me apetecía. Luego no me apeteció nunca más. Creo que era el verano en el que tenía diez años. En Extremadura. Nos llevaron allí durante quince días. Fui con mis dos mejores amigos. En aquel campamento nos asignaban tiendas de campaña para dormir. Podían ser de dos, tres o cuatro chavales. Mis dos amigos y yo nos quedamos en una de tres. Estaban desperdigadas entre un montón de árboles y muy cerca de un río que hacía de frontera. Más allá del río no se podía ir. Nada más llegar, los monitores, unos veinteañeros con pintas de jipis y de vagos, nos pidieron nuestro dinero con la excusa de administrarlo. Según ellos, como no íbamos a salir del campamento, lo mejor era que se lo diéramos para que nos hicieran un fondo y poder gastarlo en el puesto de chucherías del campamento, que sólo abría por las tardes de seis a ocho. Mis dos amigos les dieron todo el dinero. 5.000 pesetas cada uno. Yo tenía 3.000 pesetas pero sólo les di 1.000. Uno de los monitores me miró extrañado...

—¿Sólo tienes 1.000 pesetas para los 15 días?

—Sí, sólo tengo eso.

De niño me gustaba tener mi dinero. Nunca le he querido robar a nadie el suyo, pero tampoco me gusta que me roben el mío. Así que me guardé 2.000 pesetas. Para que te hagas una idea, por si no tuviste la suerte de ser niño a finales de los años ochenta, con 5.000 pesetas en España podías comprar un camión de chucherías. Pero según los jipis vagos monitores que sólo estaban pensando en follar entre ellos, en apenas siete u ocho días se nos había acabado el crédito a la mayoría de los niños. A mis amigos y a mí, también. Y casi a la vez, y eso que ellos pusieron 4.000 pesetas más que yo. Era todo un engaño y era fácil verlo, la verdad. Aquello nos indignó mucho y mis dos amigos y yo, que no participábamos en ninguna actividad y que éramos raros como perros verdes, hicimos un nuevo amigo gracias al timo de los monitores. El niño aquel se nos acercó a nosotros.

—¿Vosotros podéis comprar chuches?

—No.

Empezamos a hablar. Este chico, del que nunca recordaré su nombre, era un supermarginado. Estaba muy sucio, lleno de manchas en la cara y en la ropa. Parecía un niño vagabundo. Le apodamos «el Churretes» porque tenía la cara, el cuello y las manos llenas de churretes. No le molestaba. Si le llamabas Churretes, él se reía y se lavaba menos todavía. Tenía personalidad y las ideas claras. Si era un cerdo, quería ser el mayor cerdo de todos. Me gustaba el Churretes. Acabó durmiendo con nosotros en la tienda de campaña.

Una noche nos escapamos para bañarnos en el río. El agua estaba helada. Estaba todo muy oscuro y se escuchaban animales diferentes a los de mi barrio en el sur de Madrid. No parecían yonquis, parecían pájaros o ciervos. No sé, yo era un chaval que no conocía la naturaleza. Para mí era difícil distinguir entre un borracho y un rinoceronte. El Churretes era todo un experto en ríos y nos dijo:

—¡Meteros de golpe!

Puta madre, cuando esa agua llegaba a la altura de los huevos te los tenías que coger por si se te caían al suelo. El agua hacía de filo y te cortaba en vida. Nunca probé agua tan fría como aquélla. Pero el Churretes insistía:

—Meteros de golpe, a un río te tienes que meter de golpe.

Parecía saberlo todo. Nos contó que como sabía que el río estaría en el campamento lo estudió a fondo. Profundidad, longitud, ciudades que atravesaba, especies que habitaban en él... Salimos del baño, nos secamos con las camisetas y nos sentamos fuera de nuestra tienda de campaña. El Churretes seguía sucio incluso después de salir de bañarse en el río. Era todo talento. Sucio hasta después de lavado. Admirable.

Así que allí estábamos con nuestras linternas mientras el Churretes nos contaba montones de historias de ríos. Era un puto experto en ríos. Mis amigos y yo lo único que sabíamos era que en algunos te podías bañar y en otros era mejor no hacerlo. Y que, normalmente, en las orillas de los ríos no hay yonquis, que ésos estaban en el barrio. Pero el Churretes era una enciclopedia humana, una enciclopedia humana sobre ríos. Nos entretenía cada noche con historias de ríos. Desde cómo se reproducían las truchas hasta la cantidad de gente que se había ahogado los últimos cien años en los ríos más profundos y con las corrientes más traicioneras. Es posible que se le acabara la información y al ver que nosotros no nos enterábamos de nada y todo nos sorprendía, se lo empezara a inventar. Pero eso daba igual, el Churretes sabía mucho de ríos y que te cuenten todas esas historias de ríos en la orilla de un río, es una gran aventura. El tío hablaba de algo de lo que sabía y lo contaba bien.

Sin duda, mereció la pena que los monitores vagos y jipis nos robaran. Gracias a eso, nos hicimos amigos del Churretes y yo pude aprender una lección impagable.

El adulto

Cuando vayas a escribir sobre algo, cuando vayas a contar una historia que pretendas vender, debes investigar y documentarte en profundidad. Si, por ejemplo, quieres hablar de cómo se gestiona un restaurante, tu conocimiento sobre restaurantes no se puede limitar a ir a comer de vez en cuando a unos cuantos en tu ciudad. Ni siquiera a tener un amigo encargado de uno que te cuente un par de anécdotas. Si quieres hablar de cómo se gestiona un negocio de hostelería, tienes que hablar con proveedores, camareros, encargados, dueños... Tienes que ver cómo se hacen los turnos rotativos, cómo se organizan las comandas, cómo se gestiona el exceso de mercancía, cómo se lidia con los clientes más problemáticos. Debes enterarte de todo. Debes investigar. Debes saber lo que dices. Esto, que parece muy obvio, es un enorme problema para mucha gente en muchos casos. He leído muchas páginas de ventas y muchos libros donde se notaba que no había la más mínima investigación. No puedes caer en ese error. Tienes que investigar. Como el Churretes. Tienes que conocer. Sólo así podrás construir una buena historia. Sólo así podrás darle al público algo interesante que quiera conocer.

Lógicamente, para construir historias interesantes necesitamos más cosas, pero aquí, en este capítulo, estamos hablando de la base, de las tres imprescindibles.

Ya hemos visto dos:

- La empatía
- La investigación

Vamos con la tercera.

Tercer punto imprescindible:
El artista y la suerte.

El niño

Uno de mis amigos de la infancia se llamaba Edgar. Como todos mis amigos por aquel entonces (y supongo que en cierta manera ahora también), era un raro. Un raro de pelotas. Edgar además de raro era muy alto, con ojos gigantes siempre mirando fijamente todo lo que le rodeaba. Nos intercambiábamos revistas porno y fumábamos algunos cigarrillos. Y así fuimos forjando nuestra amistad, entre porno y tabaco. El primer día que me invitó a su casa aluciné. El tío era un dibujante excepcional. Era un puto artista. Hacía caricaturas, pero también era capaz de dibujar con exactitud una cancha de baloncesto o un paisaje o a una pareja besándose. Siempre he sido muy mal dibujante, muy malo, y la gente que dibuja bien siempre me ha gustado y me ha atraído. Me gustan los pintores, los admiro profundamente. Al ver mi reacción me dijo que si quería ver más.

—Claro, quiero verlos todos.

—Bueno, todos no, que son muchos, pero te enseñaré muchos más.

Estuvimos toda la tarde en su casa viendo y comentando sus dibujos. Había guerreras, había retratos de algunos de sus profesores, había caricaturas de la gente del barrio, había coches... Aquello era increíble. Ese cabrón de ojos gigantes era un genio dibujando.

—¿Quién te ha enseñado a dibujar así?

—Nadie.

Edgar y yo nos fuimos haciendo cada vez más amigos. Y me enseñaba todos los dibujos que hacía. Todos eran buenos, algunos buenísimos, pero como mínimo, buenos. Me dibujaba a mí o a su perro. Daba igual, lo que le pidieras. Y un día, después de un año trabajando nuestra amistad y ganándonos la confianza el uno del otro, me dijo:

—Quiero enseñarte mis primeros dibujos. Nadie los ha visto. Serás la primera persona que los vea. ¿Quieres?

—Claro.

—¿No te reirás?

—No me reiré.

Se subió a una silla, abrió la puerta más alta del armario de su habitación y levantó unas mantas con la mano. Enterrada en ellas había una carpeta verde. La cogió y se bajó de la silla. Parecía un poco nervioso por enseñarme lo que había dentro. Pero pasados unos segundos la abrió. No me podía creer lo que estaba viendo. Aquellos dibujos eran horribles. Parecían hechos por un niño de dos años que en vez de un biberón de leche se lo hubiera tomado de vodka.

—¿Entiendes por qué nunca se los he querido enseñar a nadie? ¡Son una vergüenza!

No sabía qué responderle, eran realmente malos. No me esperaba nada en concreto, tenía muchísima curiosidad, pero aquello no me lo esperaba. No me esperaba que Edgar pudiera dibujar algo tan terriblemente malo. Así que todavía en *shock* le dije...

—Tío, esto es increíble. Son los peores dibujos que he visto en mi vida. Sin embargo, ahora pintas los mejores. Es alucinante ver cómo has cambiado.

La verdad es que mis palabras no sabían cómo expresar algo que tardé un tiempo en entender: lo que sentía era una mayor y más profunda admiración por aquel chico. A base de esfuerzo, de pasión y de ganas había pasado de dibujar cosas terriblemente malas a dibujar como un genio. Aquello me enseñó la lección más importante de estas tres imprescindibles.

El adulto

Perseverancia. Se llama perseverancia. El gran «secreto» es la perseverancia y la determinación. No hay otra. Se trata de trabajo. Hay una frase de Stephen King que me encanta: «El talento es como la sal de mesa, está en todas partes. Lo que diferencia a la gente que triunfa de la que no lo hace es la perseverancia».

Nadie podrá hacer esto por ti, nadie podrá hacer que sientas el fuego dentro de ti. Te debe dar pánico la idea de no poder escribirlo. Debes hacerlo una y otra y otra y otra vez.

Cada día, sin excepción. Igual que no hay días de descanso ni de vacaciones para respirar, no hay días de vacaciones ni descansos para escribir. Debes escribir cada día. Si no sucede eso, no habrá nada. Si cuando amaneces o si cuando cae el sol no necesitas sacar tu mundo ahí fuera, hacerlo cada día, sentirlo cada día, la indiferencia te arrollará y será mucho más poderosa que tú. Debes escribir cada día. No puedes flojear. No hay alternativa. Si no tienes la necesidad como escritor, no debes forzar nada. Ya lo decía el gran Charles Bukowski: «No lo intentes». Pero a pesar de todo, aunque no necesites poner orden en tu mundo, aunque no esté el pánico ante la ausencia de tus conversaciones con tu escritura, si quieres ganar dinero bestia escribiendo, debes escribir todos los días. Por mal que lo hagas. Da igual. Debes escribir y escribir y escribir. Cada día. Y cada día serás un poco más fuerte. Un poco más hábil. Un poco más resistente. Escribe todos los días.

Sinceramente, no importa ser un buen o un mal escritor. Que no te preocupe ser juzgado. Que se jodan todos. Tienes que hacerlo. No hay un solo día desde que tengo uso de razón que no lo haya hecho. Y he alcanzado cosas escribiendo con las que no me atreví a soñar ni de refilón. Y no te hablo sólo de dinero o de admiración de otras personas. No te estoy hablando de eso. Te estoy hablando de haberle dado sentido a mi vida. De entender qué es lo que hago aquí y qué es lo que tengo que hacer. Mucha gente se quiere jubilar, tienen trabajos que odian, parejas que odian, pisos que odian, y esperan que la jubilación y el tiempo libre les regale alguna afición que sustituya todo ese vacío, todo eso que odian. Hay miles de personas así ahí fuera. Escribir me ha permitido entender que tendré algo maravilloso que hacer toda mi vida. Es como no morirse nunca y disfrutar cada uno de los días. Todo eso me ha dado escribir.

Como supongo entenderás, es algo mucho más valioso que el dinero. Y sólo hay un secreto, para mí, para ti y para todos. La perseverancia. Tu talento, mucho o poco, no vale de nada sin perseverancia, es tu perseverancia la que marcará tu camino. Si escribes todos los días, llegarás mucho más lejos que alguien que escribe una vez al mes, aunque esa persona tenga más talento de partida que tú. Lo arrasarás.

Y ahora que sabemos que necesitamos perseverancia, recapitulemos:

- Debes ser una persona con empatía. Y lo puedes trabajar.
- Debes ser una persona con información. Y lo puedes trabajar.
- Debes ser una persona con perseverancia. Y lo puedes trabajar.

Nada de lo que hemos visto en este capítulo requiere de ningún talento que no tengas. Sin embargo, si buscas atajos en cualquiera de ellos, puedes dejar de leer este libro ahora mismo. No te servirá de nada.

Pero si respetas estos tres puntos, podrás conseguirlo. Hazme caso, puedes confiar en mí. Necesitas las tres. Una vez las tienes, sigamos...

Escribir es para todos.

Escribir es para ti.

3

Profundamente superficiales. Demostración de que tú puedes crear historias millonarias

Algo importante que debes saber es que no necesitas tener una gran inventiva. No necesitas ser un escritor de ciencia ficción. En realidad, tú no necesitas nada en ese sentido. Ya lo han hecho todos los demás por ti mucho antes de que tú pusieras un pie en este mundo. Todo se nos ha dado creado. Todos somos creativos, todos somos humanos. Éste es un libro de storytelling y pretendo mostrarte que puedes ganar muchísimo dinero si sabes cómo hacerlo, divertirte a lo grande y aportar un enorme valor a tu vida y las de los que se crucen contigo.

Sólo eso.

Todo eso.

Si voy al diccionario me dice que la creatividad es «la capacidad de crear». Pues vale, me quedo igual. Si voy a buscar qué significa crear, me dice que es «producir algo de la nada». Vaya, así que se supone que los creativos «producen algo de la nada»...

Afortunadamente eso no es verdad, nosotros no tenemos que crear algo de la nada. No somos dioses, nosotros sólo conectamos cosas previamente creadas. Y todo lo que rodea a eso es lo que quiero que veamos aquí. La persona creativa combina los elementos para que salga algo nuevo, pero no los crea. Por lo tanto es algo al alcance de todos, con mayor o menor esfuerzo. Porque todo se nos ha dado creado. Porque cuando ves una película o lees un libro, sólo son cosas conectadas. El creador de *The Wire* no inventó a los delincuentes, ni las drogas, ni las pistolas. No tuvo que crear nada, todo eso ya estaba ahí, lo que hizo fue unir los puntos y crear, posiblemente, una de las mejores series de la historia. Y eso es algo que pasa con todo. Incluso en los universos de fantasía. Hay que unir puntos.

Mira.

Te voy a comentar una historia real que me pasó hace unos años y podrás entender mucho mejor a lo que me refería hace un momento. A la creatividad y todos esos rollos. Esta historia te demostrará una cosa que te quitará un gran peso de encima. Debes leer con atención y hasta el final. Podrás crear muchas historias que vendan, desde la nada.

Pero antes voy a reiterar una cosa: no te tienes que «poner creativo», no te hace ninguna falta. Escuchar y callar. Eso es lo único que nos hace falta. Y si encima vives intenso, domas tus miedos, acaricias tu dolor, saboreas tus derrotas, bebes tus victorias y compites ferozmente por vivir cada día no como si fuera el último, sino como si fuera el primero, como si fuera el mejor, porque los mejores serán los mejores, pues entonces ya podrás sacar tantas historias inmortales como tiempo seas mortal.

Hace ya unas cuantas lluvias estaba en una barbacoa. Me habían invitado junto a otras veinte o treinta personas. Era en la parcela de un chalé en Asturias. Hacía buen día, así que el demente clima asturiano no nos jodió la fiesta. Sol, brisa ligera, cervezas, algunas mujeres guapas y una parrilla gigante. Te seré sincero, pocos escenarios se me ocurren mejores que ése. Bueno, si te soy sincero del todo, sería mejor una fiesta así donde yo fuera el único hombre y todas las mujeres estuvieran cegadas de amor por mí. Pero bueno, la vida es mucho más divertida cuando gustas a unos y repeles a otros. En todo caso, el día era un gran día.

Según iba bebiendo cervezas, más guapas me parecían todas esas mujeres y más feos me parecían ellos. No sé si a ti te pasa, supongo que sí en cierta manera, a tu manera. El ambiente era superficial, me gusta lo superficial. Recuerdo una frase de Andy Warhol que decía: «Soy una persona profundísimamente superficial».

La profunda superficialidad es un generador de historias impresionantes. Por eso te digo esto. Historias que podremos convertir en relatos de marca, que podremos convertir en contactos, en dinero, en experiencias. Hazme caso. En lo cotidiano hay oro. Y para ello disfruto y aprovecho el humor absurdo, disfruto de las cosas superficiales. Creo que uno no debe tomarse demasiado en serio y debes saber reírte de la realidad. Creo que la superficialidad tiene mala prensa porque el mundo nos quiere aburridos, que la vida nos pese, nos destroce y que así podamos ser más manejables. Me aburren los profundos, los ofendidos y los amargados. Me gusta la gente que vive, ríe, folla y se apasiona. Se confunde ser profundo con ser un coñazo, con utilizar un lenguaje aburrido y casi ininteligible. Si no te entiendo, no es porque seas profundo, es porque eres un coñazo y no sabes decirlo mejor. Asumamos eso y avancemos y bailemos. Pasa desde que vamos al colegio, dicen que educan a los niños en una visión crítica y es una tremenda gilipollez y una gran mentira. Lo único que fomentan es la cursilería y el amiguismo. Ser unos pelotas y unos trepas y unos profundos es lo que fomentan para la mayoría. Además, algo que sabe cualquier hombre de mundo es que detrás de un cursi suele haber un hijo de puta. En mi opinión no solicitada de hoy, deberías huir de eso. Y todo esto te lo digo por una razón principal: no puedes aburrir.

Te cuento sobre uno de los invitados de aquella fiesta. Te ayudará a entenderlo todo y ver lo sencillo que es tener grandes historias.

Bien.

Era un abogado simpático que bebía tanto vino que parecía que se pasaba más tiempo bebiendo que respirando. Lo observé un rato y me acerqué a él. No me cuesta nada que la gente me considere un excelente conversador, ¿y sabes cuál es el secreto? No hablar apenas. Si escuchas y fomentas que los demás hablen, te van a considerar una gran compañía y un conversador de primer nivel, aunque no sepas ni deletrear tu nombre. Debemos tener muy claro que a la gente le vuelve loca hablar de sus cosas, de sí misma, y si tú les das pie y te callas, te lo contarán todo. Y pasarás a ser un gran conversador. Muchas veces no es tan complicado. Recuerdo una vez que en una entrevista sobre mi libro anterior, *El libro de copywriting*, me preguntaron qué necesita un hombre para follar mucho. La respuesta fue muy sencilla: «Basta con no ser un flojo». Recuerda, muchas veces no es tan complicado.

Entonces, como te decía, me acerqué al abogado, le hice un comentario superficial —como debe ser, nada para tratar de impresionar, eso sonaría forzado y parecería que pretendo buscar su aprobación, mejor algo sencillo y superficial— sobre sus zapatos y empezamos a hablar. Bueno, empezó él. Me contó unas diez o doce historias sobre casos de clientes suyos que eran realmente buenas. Yo te voy a contar un par de ellas aquí y ahora, y después entenderás algo que posiblemente cambie tu percepción de cómo generar historias, *parasiempre*. Y no menos importante, cómo ganar dinero con ellas.

Historia 1. Así me la contó

Isra, uno de mis clientes del que al final me hice amigo las pasó putas. Joder, muy putas. Pilló a su mujer liada con otro tío, un día llegó a casa y lo típico, ¿sabes?, con el móvil. La tía andaba en la ducha, no se esperaba que llegara el marido y dejó el móvil en la encimera de la cocina. Dicen que está mal espiar el móvil de los demás, y estoy de acuerdo, pero este tipo tenía ciertas sospechas y empezó a fisgar. Se encontró todo el pastel.

Como tenían (y tienen, vamos) un hijo de siete años, el tío hace de tripas corazón y no dice nada para intentar salvar el matrimonio, por el hijo y tal. Así pasa semanas, pero claro, se va quemando y quemando y al final un día se lo suelta todo. Que te he pillado, que sé que andas con otro, que eres una zorra y toda esta vaina. En fin, muy desagradable todo.

El caso es que la tía, lejos de avergonzarse o disculparse o lo que sea, le empieza a gritar que quién cojones es él para mirar su móvil, que es un desgraciado, que quiere pedir el divorcio y que lo piensa denunciar. Así, por las buenas. Y el chaval este, que andaba muy perdido, empezó una guerra con ella vía *wasap* donde entre otras muchas cosas reconoce abiertamente que le ha espiado el móvil. Y no sólo eso, lo admite a la vez que la insulta. Y ella, mucho más lista y mucho mejor asesorada, apenas decía nada y lo que comentaba era muy neutro.

Total, que se divorcian y no llegan a un acuerdo por la custodia compartida. Él quería la custodia compartida y ella no, quería que la custodia fuera para ella y que él viera al chaval en fines de semana alternos y un par de tardes a la semana. El caso es que perdió. La custodia para la madre y, además, con una buena pensión para el chaval. El tío es buen tío, pero cometió muchos errores: espiar el móvil no ayuda, insultar ayuda menos. Ojo, ella también lo insultaba a él, pero no era tan gilipollas de dejar constancia de ello.

El caso es que perdió la custodia. ¿Pero sabes lo mejor de todo? El tipo tenía buenos ingresos y trabajaba casi siempre en casa, era uno de esos casos relativamente sencillos para lograr la custodia compartida. Buenos ingresos, disponibilidad total para el cuidado del menor... pero el tío hizo mucho el gilipollas y además no le asesoraron bien.

Es más, te cuento otra de esta misma pareja para que veas hasta qué punto son las cosas. El niño estaba matriculado en un buen colegio. Y vivían en Oviedo. La madre por un lado, con el niño y el nuevo novio; el padre por otro, solo. Un día al nuevo novio le sale curro en León. ¿Y sabes lo que hace la madre? Se lleva al chaval a León y le cambia de colegio sin decir nada. Con dos cojones. Deja el piso, se instala en León y ya está.

Esta maniobra, en teoría, no se puede hacer sin el consentimiento del padre, porque aunque la custodia es de la madre, la patria potestad es de ambos y ese tipo de decisiones, como irse de una comunidad a otra y cambios de colegio, se tienen que consensuar entre los dos progenitores. Pues esta tía pasa de todo y se lleva al crío a 150 kilómetros de donde vivía el padre, que antes lo tenía a 500 metros. Él la denuncia y no sé qué hacen y cómo lo hacen que la desestiman por primar el bienestar del menor.

Esta historia es tal cual. De estas tengo muchas, claro. Pero es que si no te asesoras bien, la puedes liar mucho. Este chaval estaba muy mal asesorado.

Más adelante te contaré cómo vender con esta historia. Te va a sorprender cómo de historias como estas que escuchamos todos los días podemos hacer negocios, dinero, contactos... Lo que queramos, si sabemos cómo. Pero ahora quiero que escuches la segunda historia.

Historia 2. Así me la contó

Con ésta sí que vas a alucinar. Una chica, guapa, treinta años, una tía inteligente e independiente. Se enamora de un fulano. Me enseñó hasta algunas fotos. El tío no valía ni para tomar por culo. De verdad, un tío muy feo, no sé. Si hubiera visto a un guaperas lo mismo hubiera entendido mejor lo que le pasó a esta pobre chica.

El caso es que se enamora del feo este y lo mete en su casa. El tío le cuenta una historia para no dormir de que es artista y no sé qué. La chica, como era buena chica, se lo cree todo. Que si es un artista, un alma sensible y bla, bla, bla. Sólo era un caradura, pero bueno, le contaba que era artista.

La chavala se enteró después de que a la vez que estaba con ella andaba al menos con otras cuatro. A las que les contaba más o menos lo mismo. Que si artista, que si buscando su momento, que si a punto de triunfar. Un puto vendehúmos.

Y bueno... si la cosa hubiera quedado ahí, pues qué le vamos a hacer, te han puesto los cuernos, no mola, pero eso, qué le vamos a hacer. Quien más quien menos lleva una cornamenta, duele, pero no es algo legalmente punible. Si te ponen los cuernos, pues te jodes. Pero es que este tío, además, le sacó el dinero. Le sacó todos los ahorros, 45.000 euros, y no contento con eso la convenció para pedir un préstamo de 30.000 que también se quedó él.

En fin, un destrozo de tres pares de cojones. La chica quedó destrozada. Con mucha rabia, mucho dolor, en fin, lo normal. El tío se dedicaba a decirle que con ese dinero estaba produciendo su nuevo disco, invirtiendo en estudios y productores y no sé qué. Cuando la chica le preguntaba sobre ello, si le decía que quería ver su trabajo, él le daba largas con excusas tipo «quiero que lo veas todo al final», «es una sorpresa», «prefiero entregarte todo cuando esté terminado», «temo decepcionarte» y mentiras de ésas. Y como la chavala estaba pilladísima, se lo creía todo. Todo.

> Hasta que ya de tanto tensar la cuerda, de tanto y tanto mentir, ella ya se plantó, le pidió explicaciones serias y el tipo desapareció. La dejó jodidísima. No sólo en lo emocional, también en lo económico.
>
> Muy fuerte, es muy fuerte algo así. Que te estafe alguien del que estás profundamente enamorada es duro por partida doble.
>
> Pero no sabes lo más fuerte. ¿Sabes qué hacía con el dinero que le sacó a ésta y a otras cuantas más? ¡Se lo daba a su mujer! Se iba de viaje con su mujer, le compró un apartamento, le montó una web para vender bolsos... ¿Y lo mejor de lo mejor de lo mejor? ¡Que la mujer no lo sabía! Ella se creía que era un consultor importante y que ganaba una pasta ofreciendo consultoría a empresas. Con eso tenía coartada para andar siempre viajando.
>
> En fin, que alucinas con la gente, alucinas.

Éstas son sólo dos de las varias historias que me contó. Historias reales. Después de cerca de dos horas hablando y riendo y bebiendo y viviendo, me preguntó a qué me dedicaba. Se lo dije. Le dije que escribía y que vendía y vivía. Entonces me miró muy serio y me dijo...

—Hostia, cómo mola.

—Bueno, sí, es una gran manera de ganarse la vida. Contarla.

—Yo tengo un despacho de abogados. Soy mi propio jefe y esas cosas que se dicen ahora.

—Ya. ¿Y cómo va el negocio?

—Cuesta mucho conseguir clientes, la verdad.

—¿Puedo ver tu web?

—Claro.

Me la enseñó. Era horrible. Era como todas las demás. Se lo dije con mano izquierda.

—Esta web se parece mucho a cualquier otra que haya visto antes. Si le cambiamos el logo, podría ser la de cualquier otro despacho. —Se lo dije simpático, ambos sonreímos y seguí...—. Lo de «tu caso, en buenas manos», «el interés por los intereses de nuestros clientes» y todo eso... ¿lo encontraste en una galletita de la suerte?

Nos reímos.

—Qué va... esto me lo escribió el novio de mi sobrina, que estudió periodismo y se le da bien escribir.

—¿Se le da bien escribir?

—No sé, eso dice mi sobrina... jajajajaja.

—Bueno, espero que se le den mejor otras cosas. No tengo nada en contra de este chico, pero esta web es terrible.

—No te digo que no, pero es que no sé qué contar en mi web.

—¿Cómo dices?

—Que no sé qué contar en mi web.

—¿Cómo que no sabes qué contar en tu web? ¿Y las dos horas de historias fabulosas que me has contado?

—Ya, hombre, pero ¿cómo voy a utilizar esto para la web? Se supone que los abogados somos gente seria.

Aquel tipo, que era inteligente y con mucha experiencia, acababa de decirme tres gilipolleces monumentales en las que, por desgracia, cae mucha gente.

1. Dejar que la web la escriba el novio de la sobrina porque «se le da bien escribir». Esto es simplemente que no tiene faltas de ortografía y que sabe un par de re-

glas gramaticales básicas. Pero eso no es saber escribir. Saber escribir es poner a alguien de mala hostia, o cachonda, o con ganas de seguir leyendo o incómoda o alegre o lo que sea que toque. Cuando escribimos tienen que pasar cosas.
2. Creer que no tiene nada que contar. En este error cae mucha gente y esto te demuestra que no hay que ser creativo, que basta con escuchar, con escuchar y mirar. No hay más. Lo veremos mucho en este libro y, además, aprenderemos cómo sacarle partido. Tenemos millones de cosas que contar.
3. Tener que ser serios. Mucha gente confunde ser serios con ser aburridos. Con decir lo mismo que los demás, de la misma forma. Utilizando tecnicismos que sólo entienden ellos para parecer más profesionales, cuando eso lo único que demuestra es un gran complejo. Hacer lo mismo que los demás, contarlo de la misma forma que los demás, es el camino más seguro a la irrelevancia. No hay duda al respecto. Pero es que decir las cosas con un montón de tecnicismos empeora los resultados. He contado en muchas entrevistas algo que te quiero compartir aquí para mostrar el inmenso poder que tiene saber utilizar el lenguaje y no creernos más listos que las palabras. Las palabras son mucho más listas que nosotros, no lo olvides.

Mira.

Hace unos años, en Estados Unidos, pillaron a un grupo de unos cincuenta estudiantes con estudios universitarios superiores. Gente muy preparada. Los dividieron en dos grupos.

Pretendían venderles el mismo producto al mismo precio a ambos grupos. Exactamente lo mismo y exactamente al mismo precio. A uno de los grupos le escribieron una carta de ventas con un lenguaje adecuado a sus altas capacidades y preparación. Con palabras más técnicas pero que ellos conocían perfectamente. Era una carta más seria, por decirlo de alguna manera. Al otro grupo le escribieron una carta de ventas con un lenguaje mucho más sencillo, hasta el punto de que lo podría entender un niño de doce años. ¿El resultado? La carta con lenguaje conversacional fue siete veces más efectiva —creo que fue siete veces más, punto arriba punto abajo, en todo caso vendió mucho más— que la carta que iba con tecnicismos y un lenguaje mucho más profesional. Y repito, era el mismo producto al mismo precio.

¿Qué nos indica esto? Que lo hagas sencillo. Que tu comunicación sea conversacional. Hay miles de ejemplos sobre grandes empresas y marcas personales cuyo éxito es precisamente que la gente los entiende. No debemos olvidarnos nunca de esto, así que le dije a mi reciente amigo abogado:

—Debemos ser profundamente superficiales. Si hacemos eso pasarán tres cosas:

1. Nos vamos a diferenciar.
2. Vamos a demostrar que tenemos cosas más interesantes que contar que «tu caso, en buenas manos».
3. No vamos a dejar de sonar serios a la vez que resultamos entretenidos e interesantes. Una gran mezcla, sin duda.

Bien.

¿Recuerdas la primera historia? ¿Recuerdas cómo me la contó? Era sobre el tipo que pilló a su mujer con otro, que pidió la custodia compartida y se la denegaron. Así la contaría yo para atraer clientes a su web.

Historia 1. Así la contaría yo

¿Te has divorciado? ¿Piensas hacerlo?

Esto nunca es fácil. Entran muchas emociones en juego. Ya sabes. Puedes cometer errores. Decir cosas que no deberías. Escribir mensajes que te pueden costar muy caros. Exigir cosas fuera de lugar. Dejar que te manipulen en vez de que te orienten con realismo.

Te voy a contar una muy breve historia por si estás a punto de divorciarte que quizá te puede ayudar.

Una de las últimas personas con las que hemos trabajado —no te diré si es el hombre o la mujer, no te quiero condicionar porque errores cometemos todos— descubrió una infidelidad de su pareja. Quiso aguantar por un hijo en común, pero al final estalló. Se ha metido en un montón de problemas por ello, por decir lo que no debía, por escuchar a los que a lo mejor le querían pero no le orientaban bien.

En definitiva, se ha arruinado la vida, por una sencilla razón: **una vez que sabía que se tenía que divorciar, en vez de buscar un verdadero y eficiente acompañamiento profesional, hizo la guerra por su cuenta**. **Muy mal asunto**.

Si estás pensando en divorciarte, busca un buen abogado. Hazme caso. Podrían ser otros o podemos ser nosotros, pero busca un buen abogado. Si te interesa, pide cita aquí...

Si te fijas en este texto —que es sólo un ejemplo para entendernos, no pretende ser otra cosa que un simple ejemplo—, hay un lenguaje claramente conversacional que cualquiera entiende. Hablas de un punto de dolor de forma clara, alertas de los errores que llevaron a otro a un final muy negativo para sus intereses dando a entender que es mejor asesorarse bien desde el principio (lo cual es verdad), y además muestras una absoluta falta de necesidad que es imprescindible para la venta. En el último párrafo dice:

> Si estás pensando en divorciarte, busca un buen abogado. Hazme caso. Podrían ser otros o podemos ser nosotros, pero busca un buen abogado. Si te interesa, pide cita aquí...

Tengo la sensación de que muchas personas están pensando en divorciarse, leyendo un texto de este tipo van a pedir información a este despacho. ¿No es mejor esto que «tu caso, en buenas manos»? ¿A quién crees que recordarías más si visitaras su web?

Ésta es la magia de contar historias y ganar dinero con ellas.

Vamos con la historia 2. Así la contaría yo en mi web, algún e-mail o incluso algún anuncio para llevar gente a mi negocio.

> **Historia 2. Así la contaría yo**
>
> Es bastante probable que no sepas cómo actuar si te han estafado.
>
> Llevamos casos de todo tipo. A algunas personas las han estafado en solitario, otras son víctimas de estafas colectivas. Y algunas ni siquiera saben esto último de que son víctimas colectivas.

> En todo caso, lo que casi ninguna víctima de estafa sabe es realmente cómo debe actuar. Qué hacer.
>
> Cuando nos estafan sentimos impotencia, rabia y en ocasiones, si además hay alguna implicación sentimental, mucho dolor. Lo vemos todos los días por aquí.
>
> El siguiente paso es que los que te tengan que ayudar con la estafa realmente sepan lo que hacen y no te estafen ellos también. Llámanos.

En este caso, quería que vieras que ni siquiera es necesario utilizar la historia de la chica pera evocar esas sensaciones. Además, frases como «Lo vemos todos los días por aquí» generan más autoridad que si dices: «Te ayudaremos con nuestro equipo multidisciplinar». ¿Qué coño es eso del equipo multidisciplinar? Es aburrido, todas las webs lo dicen, es una comunicación de muy bajo nivel. Pero si metes frases conversacionales tipo «Lo vemos todos los días por aquí», estás dibujando en la mente de la gente de forma mucho más clara. Esto es sólo otro ejemplo para verlo fácil, lógicamente se puede mejorar mucho pero no es el objetivo de lo que quiero que veas en este capítulo. Y cuando hablas del dolor, la rabia y la impotencia, estás manteniendo una conversación mental con el potencial cliente, porque eso es justo lo que siente ante una estafa. Es lo que sentía la chica, lo vio en ella, ella misma se lo contó. Y utilizó sus palabras y sus sentimientos para tener esa conversación con los potenciales clientes y que pudieran ver que hablaba su idioma. «Tu caso, en buenas manos» no dice nada, es sólo una frase hecha que ya han visto mil veces. Así no te pueden recordar.

El abogado simpático de la barbacoa no sabía qué contar en su web ni en sus e-mails ni en ningún sitio, pues según él no sabía qué contar. Estuvo dos horas contándome historias con las que su potencial público se podría ver identificado, pero según él, no tenía qué contarle. Eso es tremendamente habitual. Es una tragedia.

Dejó la comunicación de su negocio en manos del novio de su sobrina porque «sabía escribir». Y lo único que hizo fue escribir lo mismo que todos los demás, sin utilizar el enorme poder de las historias, sin dotarlas de alma, de emoción, de nada. Sólo tópicos, palabras ciegas que de tanto verlas ya no te dicen nada. Eso fue lo que le entregó. Y lo único que tendría que haber hecho es sentarse con el tío de su novia y decirle: «Oye, cuéntame tres o cuatro casos potentes de los más habituales que tengas por aquí y con eso haremos un relato de marca diferente».

Pero supongo que es más cómodo sentarse, mirar las webs de la competencia y decir las mismas cosas apenas cambiando algunas palabras por ahí. Muy mala idea. Esto es muy mala idea.

Y lo puedes aplicar al nicho que sea.

Espero que este capítulo te haya ayudado a entender que las historias están en todas partes y que con sólo escuchar, sólo con eso, no sólo vas a tener grandes historias que contar con las que vender, es que te puedes diferenciar de casi toda la competencia. Porque puedes estar seguro de que la mayoría de la gente no lo hará. Aunque lo tenga delante. Ya sabes, ellos son muy profesionales...

Me parece muy bien, que ellos se queden con la profesionalidad y tú con los clientes.

4

Una historia de esperanza. Una historia de poder

Mi hija tenía tres años. Era sábado por la mañana y habíamos salido a pasear. Desde que mi hija tiene un minuto de vida fuera del vientre de su madre, le he contado historias. Vivíamos en Gijón y ese día quería regalarle una buena historia mientras nos dábamos el paseo. Tenía la sensación de que las historias eran mi única herencia. Lo único que podía entregarle. Lo mejor por lo que podría recordarme. Buenas historias para que soñara, para que creara un mundo mejor dentro de ella.

Pero aquel día no se me ocurría nada. Apenas había dormido, el día anterior fui a descargar camiones y no había trabajo, apenas había dinero y de ahí venían la mayor parte de mis preocupaciones. Quizá por eso, aquel día, no sabía qué contarle. Pero según la llevaba agarrada de la mano, esa mano tan suave y tan pequeña que yo debía proteger y guiar, pensé en algo que casi seguro habría leído en algún sitio, que había escuchado en algún lugar. No me quedaba claro de dónde venía, pero, de repente, mi cielo se llenó de fuegos artificiales y cometas y pájaros de colores, todo fue luz por unos instantes. Para contar una buena historia, algo tan sencillo como preguntarse:

¿De qué va mi historia?

Y una vez respondida esa pregunta, la que viene inmediatamente después es:

¿Qué es lo que voy a mostrar con mi historia?

Con eso podría crear infinitas historias. Infinitas. Y te voy a explicar por qué.

Cuando tú te preguntas de qué va tu historia, no haces otra cosa que dar sentido al argumento que te ha llevado hasta donde estás. Sea ese sitio el que sea. Al hacerte la pregunta «¿De qué va mi historia?», te obligas al esfuerzo de poner orden en tu narrativa. Si eres dentista y te preguntas de qué va tu historia, vienen los recuerdos. Quizá la clínica de tu padre o el pánico infantil a que se te cayeran los dientes, lo que sea, pero sólo las historias te colocan donde estás en este momento. Sea el lugar que quisiste o todo lo contrario, pero te llevan ahí.

E, inevitablemente, al saber de qué va tu historia, podrás saber lo que quieres mostrar. Cuando te preguntas «¿Qué es lo que voy a mostrar con mi historia?», eso hace que cuentes la historia desde un ángulo determinado, con una intención, para mostrar esa cosa concreta y no otra. Te obliga a elegir, a tomar decisiones sobre la forma de contarla. Y, tal como voy a repetir varias veces en este libro, es importante recordar que todos tenemos una historia. Incluso tú, que lo mismo estás pensando que tu historia es vulgar o sin interés. No es cierto. Tu historia es una gran historia. Y ojo, esto que te estoy diciendo no es una forma de motivación barata, no pretendo animarte como si fueras un niño. Es la verdad. Tu historia es una gran historia y dependerá de cómo la cuentes que se identifiquen con ella miles de personas. Por tanto, cuando entendí que haciéndome esas dos preguntas podría contar todas las historias que fueran necesarias, todo cambió, todo cobró sentido.

Aquello me dio una enorme sensación de poder. Algo tan sencillo, algo tan fácil, me permitiría crear tantas historias como quisiera en el momento que quisiera. Sentí el poder y sentí la esperanza. Tomé en brazos a mi pequeña y le di doscientos besos en el cuello mientras ella no paraba de reírse. Hay momentos en que la vida parece más viva y notas como el aire te acompaña delicado, y la temperatura es perfecta, y la belleza de los rostros es eterna y sientes la acaricia de los dioses, que te recompensan. Ése fue uno de esos momentos. Algunas personas nos miraban por la calle, pero ni a ella ni a mí nos importó. Quizá pensaron que estábamos locos y tal vez en ese momento fuera así, porque sentí que mi vida podría cambiar respondiendo a esas dos preguntas. Que los años y años y años buscando el lugar iban por ese camino.

Y no sólo eso, es que podría dar forma a la vida de cientos o tal vez miles de personas si les contaba historias de cómo contar historias. Sólo necesitaba responder a esas dos preguntas. Y eran dos preguntas universales. Todo el mundo tiene una historia. No hay excepción a eso. Y todo el mundo se puede preguntar qué quiere mostrar. Entender algo tan simple fue como si todos los puntos de mi infancia, adolescencia y primeros años de adulto se unieran de repente.

«¿De qué va mi historia?»

«¿Qué es lo que voy a mostrar con mi historia?»

Si respondía a esas dos preguntas, todo cambiaría para mí. Podría convertir historias ordinarias en historias extraordinarias y aquello podría ser una forma monumental de ganarme la vida. Ahí había mucho dinero, mucha inmortalidad, en saber hacer eso. En crear relatos de marca. Y fue aquella mañana cuando se asentó con fuerza. Aquella mañana de esperanza y de poder. Y la forma en la que apliqué estas preguntas al paseo con mi hija me ayudó poco después a generar muchas historias que dieron mucho dinero. Porque, además, al tener que hacerlo sobre ficción para inventarme historias para mi hija, cuando he tenido que hacerlo sobre la realidad me ha resultado infinitamente más sencillo.

Aquella mañana le pude contar una historia. Pude improvisarla y fue gracias a esas dos preguntas.

«¿De qué va mi historia?» Eso me pregunté con ella colgada de mi cuello. Y encontré la respuesta en una hoja tirada en el suelo. Sola. Entonces mi historia sería la de una hoja que está sola y que necesita encontrar a su familia.

«¿Qué es lo que voy a mostrar con mi historia?» Quería mostrarle a mi hija la importancia de sabernos queridos, de confiar en los que nos quieren y devolverles esa confianza, tratando de no defraudarlos y no dejarlos solos cuando nos necesitan. Eso es lo que quería transmitirle.

Así que la bajé al suelo y mirando aquella hoja le conté a mi pequeña:

—Mira, hija, esta hoja está sola, ¿te parece que busquemos dónde están sus papás? Deben estar cerca, seguro que están cerca.

Ella se agachó a por la hoja, la cogió con delicadeza, la acarició y me dijo que sí, que teníamos que encontrar a sus papás. Nos pasamos la mañana buscando a papás, hablando con otras hojas, preguntando a las hormigas, diciéndole a la hoja que no se preocupara, que sus papás la estaban buscando, que no estaba sola y que daríamos con ellos. Que la querían mucho, que no dudara de eso. Y que se había perdido, pero que no la habían dejado sola, pues la estaban buscando. Mi hija estaba rotundamente comprometida a encontrar a los papás de la hoja, yo también. Finalmente dimos con ellos, sabíamos que eran ellos porque la forma era igual, pero eran algo más grandes. Y porque el color era el mismo y las venas en la piel de la hoja hacían el mismo dibujo. Fue muy emocionante encontrarlos y dejarles disfrutar juntos del encuentro.

Mi hija se pasó una semana entera hablándome de aquella hoja. Era el inmenso poder de las historias. Y todo fue por hacernos dos preguntas. Dos preguntas que te voy a mostrar cómo puedes aplicar a tu negocio. Pero antes deja que te muestre cómo me presenté yo al mundo empresarial. Fue dos años después del paseo con mi hija. En 2017 saqué mi web y con esto me di a conocer. Aquella mañana de dos años antes inspiró completamente mi forma de presentarme (había una foto nada más empezar el texto donde salía con gafas de sol):

> Ese de ahí arriba soy yo y aunque no lo parezca estoy durmiendo. Y además tuve un sueño del que luego te hablaré.
>
> Pero antes te debo contar que no puedo venir aquí diciendo que mi misión/visión en la vida es cambiar el mundo, que tengo unos valores que hacen llorar de emoción a la primavera y que tengo treinta carreras con trescientos años de conocimiento acumulado.
>
> No puedo.
>
> No lo veo serio.
>
> Soy copywriter y me dedico a escribir para que la gente lea y compre.
>
> Ése es mi trabajo.

¿Suficiente? ¿Insuficiente?

Ni idea. Depende de lo que busques.

Lo de cambiar el mundo y emocionar a la primavera... la verdad es que no me lo he planteado. No te voy a engañar.

¿Por qué te cuento esto?

Porque tengo una niña pequeña.

Tan pequeña que todavía conserva los dientes de leche y la duermo cada noche mientras le cuento un montón de buenas historias.

A los diez minutos de nacer la pusieron en mis brazos y empezamos a hablar.

Le conté lo orgulloso que estaba de ella y de su mamá. También cuando recorrí la costa irlandesa haciendo autostop y tenía una Guinness en cada puerto.

Una enfermera me miraba como si estuviera loco pero eso no me importó lo más mínimo.

Tenía a mi pequeña en brazos y éramos inmortales.

Bueno, pues en mi sueño estaba yo en el salón y mi pequeña me gritaba:

—¡Barbasexy (es así como me llama a veces y como me llamó en el sueño), estoy embarazada!

Eso sí que fue terrorífico.

No entré en pánico por unos zombis de ojos amarillos y brazos alzados avanzando de manera torpe pero decidida en busca de mi cabeza. NO.

Ni por unos vampiros escondidos tras las cortinas dispuestos a beberse mi sangre. Tampoco.

No, nada de eso, entré en pánico por ¡la vida!

Lo que me hizo levantarme con el corazón dando cabezazos contra mi pecho fue la vida.

Así que allí estábamos mi barba sexy y yo muertos de miedo porque nuestra pequeña dejara de ser pequeña.

De golpe.

Sin poder asimilarlo.

Sin tiempo para entender nada.

Sin acumular recuerdos, sin más noches de Reyes Magos ni cumpleaños con piñatas.

Todo se había esfumado con un grito desde el baño. «¡Barbasexy..., estoy embarazada!»

Poco a poco fui recuperando el aliento y ordenando mi cabeza.

No me preocupa el paso del tiempo. Pasa y ya está. Mi pequeña, aunque siempre lo será para mí, dejará de serlo y tendré que aceptarlo.

La angustia era que pasara de golpe y sin vivirlo. Yo solo quiero vivir. Nada más. Y no hay vivencia más intensa que un hijo. Ni se le parece.

Nuestra única herencia son nuestros hijos.

Y acabo.

Dicen que en esta sección debes hablar del problema que solucionas. Y conectar.

Pues vale.

Entonces debería contarte aquí que conmigo venderás más. Que **un buen trabajo de copywriting**, uno bueno de verdad, **cambia la vida de cualquier negocio**.

Pero lo debo hacer sutil, sin darme importancia. Que no parezca que te quiero vender nada. Que vender es malísimo y espanta a todo el mundo.

El protagonismo debe ser para el lector, o sea, para ti.

Vamos, que tengo que llevarte al nirvana. Hipnotizarte. Persuadirte.

Luego lo que debo hacer es contar una buena historia, a poder ser personal. Los bilingües lo llaman storytelling.

Yo superé un resfriado en el 94. Desde entonces soy mucho más fuerte. Y libre.

Espero que ya te estés identificando conmigo.

Con estas cosas conectas con tu audiencia. Y confían en ti. Tú ya debes estar confiando mucho en mí. O deberías.

Y por último tienes que incluir un *call to action*, vamos, una llamada a la acción.

Que se suscriban, te compren o lo que sea. Pero que hagan algo, que leer es gratis y no vives del aire.

¿Todo bien?

Te lo resumo:

Soy copywriter. En eso molo.

En otras cosas no molo.

Tengo sueños y pesadillas.

> Me gusta la lluvia y que mi pequeña me interrumpa en mi despacho para regalarme uno de sus dibujos llenos de nubes, árboles y corazones.
>
> También me gusta vivir. Sin más.
>
> Si a ti te gusta vivir y además aprender copywriting para que tu cliente también lea y compre deberías suscribirte. Es gratis.
>
> Con mis suscriptores me comunico por mail y les cuento cosas. ¿Que no te gusta? Pues te das de baja, que también es gratis.
>
> Y sigues viviendo.

Ésa era una de las dos únicas pestañas de mi web. Mucha gente que la leyó antes de que la quitara hace unos años me decía que era el mejor «Sobre mí» que habían leído nunca. Era algo absolutamente anti-marketiniano y a mucha gente le encantó. Otros muchos me dijeron que no sonaba nada profesional y que no llegaría muy lejos así. El tiempo lo puso todo en su sitio.

Por eso siempre me gustó el paso del tiempo. Porque el tiempo y las historias van de la mano y a todo llegan.

5

¿De qué va tu historia?

Como vimos en el capítulo anterior, hay dos preguntas clave:

1. ¿De qué va mi historia?
2. ¿Qué es lo que voy a mostrar con mi historia?

Respondiendo a estas dos preguntas vendrá todo lo demás. Podrán copiarlo todo, pero jamás podrán copiar tu historia.

Además, es importante entender que el storytelling lo puedes aplicar en la página principal de tu web o puedes hacerlo en el «Sobre nosotros», también en el tono de tus e-mails o en campañas de publicidad, en tus páginas de ventas... da igual. Lo importante es entender el valor del relato de marca como factor diferencial y sus múltiples aplicaciones. Debes pensar que tu competencia puede copiar tu producto, puede copiar tus precios, tu estrategia, pero lo que jamás podrá copiar es tu relato de marca, tu historia. Eso les pondría en evidencia. Y cuidar y potenciar tu storytelling es una de las mejores garantías que tienes para hacer de tu negocio algo que marque una huella profunda en muchos de los que lo conozcan. No temas a la competencia, ni lo que haga ni lo que diga. Mira qué busca el cliente y narra tu historia. Todo lo demás vendrá. Es por eso la gran importancia que tiene.

Las preguntas que se debe hacer toda marca, toda empresa, grande o pequeña, unipersonal, autónomo o perroflauta de semáforo, lo que sea, son: ¿De qué va mi historia? ¿Qué es lo que voy a mostrar con mi historia? En estas preguntas debes pensar de manera muy profunda, debes hacerlo detenidamente por una razón muy sencilla: si todavía no eres capaz de responderlas es que todavía no tienes la idea. Busca tu idea. Vendas lo que vendas debes construir un relato de marca alrededor de ella.

Y un relato de marca significa algo muy sencillo: es tener alma, tener personalidad, ser identificado por algo. Sólo eso. Todo eso. Debes pensar en algo clave: si tu historia es importante para ti, podrás hacer que sea importante para los demás. Debes tener una voz propia sin miedo a ser juzgado. En nuestro inconsciente colectivo tenemos muchísimos patrones comunes con el resto de los mortales. Es cierto que con diferentes protagonistas y escenarios, pero con muchos patrones comunes. ¿Y qué nos indica esto? Que tu historia, sea la que sea, ya conecta. Y si no conecta, nunca será problema de la historia, será por cómo la cuentas. Insisto, tu historia ya conecta.

Bien.

Vamos a ver cómo se hace eso con cuatro ejemplos muy diferentes.

Ejemplo 1

Voy a empezar por algo difícil en apariencia, algo tan frío y poco dado al relato como podría ser un cerrajero, un autónomo. Lo que ese cerrajero se debe preguntar es lo mismo, exactamente lo mismo que me pregunté yo aquella mañana de sábado con mi hija: ¿De qué va mi historia?

Una vez que se hace esa pregunta, puede ir construyendo su relato de marca, puede utilizar las historias para quedar pegado en la mente de la gente. Sería tan sencillo como sentarse y escribirlo. Su propia historia. Todos la tenemos. Pongamos que este cerrajero escribe algo así:

> Nunca fui bueno con los estudios. Sin embargo, desde chaval tuve la habilidad de arreglar casi todas las chapuzas que se me ponían por delante. Y lo utilizaba siempre para ligar. Cuando me gustaba alguna chica siempre le decía: «Podrías aspirar a un rey, pero quizá tengas la suerte de conocer al mejor cerrajero del mundo». A veces funcionaba y a veces no, pero era algo simpático que además me sirvió para empezar una conversación con la que ahora es mi mujer.

Si te fijas, con ese simple ejercicio, respondiendo esta simple pregunta y en apenas un párrafo, ha podido dar una identidad de marca propia. Ya ha respondido a la pregunta ¿De qué va mi historia?

Ahora, tiene que hacerse la siguiente pregunta: ¿Qué es lo que voy a mostrar con mi historia? Voy a mostrar a un tipo que está orgulloso de su trabajo, que pone en valor la importancia de las habilidades manuales en un mundo donde sólo parecen importantes las aptitudes sociales o digitales. Todo eso está genial, pero tarde o temprano vas a necesitar un cerrajero, un manitas.

Ahora analiza este mensaje. ¿Qué ves? ¿Qué nos está diciendo? Para empezar, de manera inocente nos está contando que es el mejor cerrajero del mundo. Vale, no hay por qué creerle, es una tontería, pero te lo ha dejado ahí. También te dice que lo utilizaba para ligar, lo cual nos muestra a alguien natural, sin complejos. Y lo más importante de todo, lo que de verdad da poder al contar historias, es que del cerrajero que afirma que «podrías aspirar a un rey, pero quizá tengas la suerte de conocer al mejor cerrajero del mundo» no te olvidas. Ha utilizado un relato de marca, ha creado una historia. Utilizando el poder de las historias, deja una huella.

Crea un relato de marca. Entra en el inconsciente colectivo. ¿Quién no ha ligado? ¿Quién no ha conocido a un fanfarrón con cierto encanto? ¿Tampoco tienes un cuñado que sea un manitas? Todo el relato es una historia común, es sólo la historia de un hombre cualquiera que convierte algo ordinario en un relato de marca que se queda pegado a la cabeza de sus potenciales clientes. Convertir lo ordinario en extraordinario. Es mágico y está al alcance de cualquiera.

Ejemplo 2

Imagina que montas una floristería. ¿Por qué la montas? La pregunta es la de siempre: ¿De qué va mi historia?

> En un viaje a México conocí a un tipo que se llamaba Manuel Serrano Guzmán. Mi novio y yo siempre le llamábamos el Chapo Guzmán. Sí, entiendo que no es muy original, pero con aquello de que se llamaba Guzmán, era de México y estábamos allí... lo difícil hubiera sido no hacerlo, la verdad.
>
> Pues aquel tipo, que era todo lo contrario a un delincuente, nos dijo que su negocio era mandar

> flores a España porque había un gran mercado y porque le gustaban desde su infancia. Ni a mi novio ni a mí nos interesaban mucho las flores, hasta que este hombre nos metió el gusanillo en el cuerpo y aquí estamos ahora, disfrutando con un negocio que se ha convertido en una forma de entender la vida.

Ya está, ésa podría ser la historia. También podría ser cualquier otra. Podría ser porque tu abuelo inició la saga familiar de floristerías. O porque te enamoraste de un holandés amante de los tulipanes. O porque de niña las flores te ayudaron a sociabilizar y hacer amigas. Da igual, tienes una historia. Tienes una historia, no lo olvides nunca. Todos tenemos una puta historia ordinaria y, a su vez, extraordinaria.

Y ahora, la segunda pregunta: ¿Qué es lo que voy a mostrar con mi historia?

Algo muy simple, algo como que las casualidades pueden marcar una vida. Es una forma de inspiración. Regalar flores es otra forma de inspiración.

Y lo que vemos en el mensaje, ¿qué es? Gente cercana, gente honesta que nos ha dicho que no sabían nada de flores hasta poco antes de entrar en el negocio, pero nos transmiten pasión, autenticidad. Algo nos dice que detrás de esa historia hay una pareja que nos aconsejará bien a todos los tipos que no sabemos cómo sorprender a nuestras novias o a nuestras madres. Y los recuerdo porque me han hablado de un tal Guzmán, al que llamaban el Chapo, y todo empezó en un viaje a México. No son la floristería que sólo dice que me lo mandan a casa en doce horas. Son la pareja que empezó en esto porque fueron a México y un señor les dijo que en España había un gran mercado. Algo importante de ver es que si tu negocio está vinculado con un viaje, con una relación o con generaciones anteriores, todo eso conecta con casi todo el mundo. Nada es extraordinario. Son historias cotidianas.

Y un detalle aún más importante: en las historias puedes utilizar la exageración. Recuerda eso. No sólo está totalmente permitido, sino que lo podemos convertir en un gran recurso en sí mismo, como te contaré más adelante.

Entonces hazte las dos preguntas, piensa en ellas, escribe las respuestas. Ve preparando tu relato de marca, ve pensando cuál es tu historia, qué quieres mostrar, cómo quieres quedarte fijado en la mente de tus potenciales clientes. Casi ningún negocio hace eso y casi todos los negocios fracasan. Hazlo con interés y tu negocio será mucho más rentable, sencillamente porque tu relato de marca será sólo tuyo y te recordarán y te comprarán. Y eso nadie lo podrá copiar. Tu historia es única y por muy vulgar que te parezca, no lo es. Nunca.

Ejemplo 3

Tienes un concesionario de coches de segunda mano. Venga, un concesionario. ¿Crees que no puede utilizar un gran storytelling en su web? ¿En su publicidad? ¿En su relato? Eso es porque todavía no te hiciste las dos preguntas. La primera: ¿De qué va mi historia? Pues no sé, por ejemplo:

> Monté este concesionario después de separarme. Siempre he sido un apasionado de los coches, modernos, antiguos, pero todos coches que respondan bien al placer de conducir. Sin embargo, cuando estaba casado trabajaba en un banco. Me resultaba imposible dejar ese empleo por la responsabilidad del matrimonio y todo eso. Era una

> nómina fija. La ruptura fue un mazazo a todos los niveles, pero saqué algo positivo, algo de luz. Retomé mi sueño de estar rodeado de coches y me dije «ahora o nunca». Y monté este concesionario.

¿Qué es lo que voy a mostrar con mi historia? Muy fácil: que realmente disfruto con lo que hago, que sé de mi trabajo, que soy una persona confiable que confiesa un periodo personal complicado, alguien cercano que te proporcionará buenos vehículos. Una historia así te transmite muchas cosas. Y reitero lo que vengo diciendo todo el capítulo: te permite ser recordado por la gente. Es un verdadero relato de marca.

Ejemplo 4

Vamos con el último ejemplo para cerrar este capítulo. Eres un entrenador personal. ¿Qué vas a poner? ¿Tus tarifas? ¿Tus horarios? ¿Mil fotos donde se vea lo fuerte que estás? Bueno, alguna foto puede estar bien, pero lo que de verdad marcará la diferencia será tu relato de marca. Así que vamos con las preguntas que nos debemos hacer: ¿De qué va mi historia?

> De pequeño era el más enclenque de mis hermanos. Y también del colegio. Apenas participaba en ninguna competición deportiva por vergüenza. Pero un día vi la película de *Conan el Bárbaro*. Me obsesioné con eso y empecé a entrenar, a comer mejor...

¿Ves el ejemplo? Es que da igual por qué lo estés haciendo, lo que es seguro es que hay una razón por la que lo haces.

Y después, lo de siempre: ¿Qué es lo que voy a mostrar con mi historia? Pues un tío con capacidad de sacrificio, que sabe lo que hace, que es inspirador por ir avanzando con sus metas y superando sus obstáculos... Y es que esto vale para absolutamente todo. Para todo tipo de seres humanos de la Tierra. Hasta para extraterrestres vale.

Quizá estudiaste ingeniería, porque tu padre es ingeniero. O quizá lo hiciste por todo lo contrario, porque tu padre los despreciaba.

Quizá eres psicóloga porque tu mayor referente en la vida, tu tía María, siempre soñó con serlo y nunca tuvo la oportunidad. Quizá inconscientemente le quisiste regalar eso.

Da igual, da exactamente igual, me podría pasar toda la vida aquí poniéndote un ejemplo tras otro y habría tantos ejemplos como seres humanos hay en la Tierra.

El poder de las historias es inagotable.

6

El viaje del villano

Uno de los recursos más conocidos para hacer historias es el famoso «viaje del héroe». Es un arquetipo que posiblemente hayas oído en bastantes ocasiones. Me parece un coñazo y todo el mundo habla de lo mismo cuando habla de storytelling. En todo caso, todo puede adoptar forma de un relato y, cuando eso sucede, lo que vendes es mucho más atractivo que si lo presentas de manera literal.

El tono de tu historia puede ser el que tú quieras. Dos grandes géneros, por ejemplo, serían la comedia y la tragedia. La comedia suele ser ligera y con final feliz. Busca provocar sonrisas. La tragedia es más profunda y con final trágico: hay drama y conflicto, pero también acción y aventura. Y si te fijas en este tipo de cuentos, suelen remarcar mucho el bien y el mal, la lucha entre lo adecuado y lo inadecuado, lo correcto y lo incorrecto. Está el terror, que quiere sobresaltarnos. O las historias románticas. Otra cosa que ya sabrás es que los géneros se pueden mezclar, por supuesto. Puede haber drama y risas, amor y tragedia. Cómo hacer eso bien da para otro libro, así que seguimos con esto de los viajes...

El viaje del héroe es muy popular porque empieza con drama y tiene final feliz y, vale, funciona si lo hacemos bien, pero no pienso hablar apenas del viaje del héroe. Suele ser un relato muy habitual para negocios, pero considero que extenderse en ello es un insulto a la inteligencia del lector. El resumen rápido de este tipo de relato sería algo así:

El protagonista empezaría hablando de unos comienzos muy complicados, donde apenas tendría resultados con su trabajo, donde todo serían obstáculos y dificultades. Y finalmente lograría aquello que se propuso en un principio, llegando al punto donde le gustaría llegar al cliente al que pretende ayudar con sus servicios o cursos o productos. Lo que sea.

Cuando proyectamos bien esta historia, suele funcionar por la identificación que sentimos con el pequeño que logra llegar a la cima. El problema que tiene es que no hay persona que se dedique a esto del storytelling que no hable de la parte teórica del viaje del héroe. Todo el día diciendo lo que es. Es aburrido ya. Sinceramente, todos los que hablan del viaje del héroe me tienen hasta los cojones. Pero debe ser culpa mía, que soy un rancio y un gilipollas. Aunque admito que ese recorrido es muy potente y se basa en una de las estructuras más antiguas y eficientes para transmitir nuestras historias, esto es, un principio, un nudo y un desenlace.

Y por eso en este libro prefiero que veamos «el viaje del villano». Es más eficaz y lo verás muy poco. Llegué a la idea de este concepto como forma de transmitir historias que vendan por dos razones:

1. La primera fue pensando en la película *El curioso caso de Benjamin Button*. En ella, el protagonista era viejo y su tiempo iba hacia atrás en vez de hacia delante. Aquello me llevó a pensar que en vez de hacer una carta de ventas donde el emprendedor o negocio empiezan abajo y acaban triunfando, lo haría al revés: empezar la historia en el punto álgido y llevarlo a la irrelevancia. Luego veremos el ángulo de esto.

2. La segunda razón por la que lo pensé fue sencilla. Estaba un poco aburrido de los casos de éxito y prefería vender pensando en casos de fracaso.

¿Cómo llevar a cabo el viaje del villano?

La idea sería empezar la carta de venta en el momento en que la empresa va muy bien: está en forma, con éxito, clientes, buena facturación. Y, poco a poco, vamos narrando que por no hacer cosas que son realmente determinantes, ya sea por dejadez, por falta de tensión, de ganas, por arrogancia... la empresa cada vez va perdiendo fuerza en el mercado en favor de competidores más astutos.

Esta forma de narrar la venta de un producto puede ser realmente potente porque estamos apelando al miedo. Y no voy a entrar en debates éticos al respecto, no se trata de meter miedos infundados, se trata de decir la verdad. Si un negocio empieza a descuidar ciertas cosas, empieza a caer en picado. Entonces este tipo de ángulo es ideal para los que buscan clientes que tengan negocios que están funcionando, que por otro lado son los que interesa buscar. Vamos a suponer que eres copywriter y quieres vender tus servicios a empresas que están funcionando bien pero que tienen potencial y recorrido para funcionar bastante mejor. Eso le pasa a la mayoría de las empresas que van bien: que pueden ir mejor, lógicamente. Pues entonces la estructura de la narrativa sería algo así:

> Cuando David miró la facturación del año que estaba a punto de terminar, no podía estar más contento. Había superado todas sus expectativas. El negocio estaba consolidado, los clientes parecían contentos, los empleados se sentían identificados con su empresa y tenía todos los pagos en orden. Era momento de disfrutar de lo logrado.

> Unos seis meses después, vio que ese año le costaría igualar el resultado del año anterior. Empezó a pensar en qué podría estar fallando, pero tampoco le dio mucha importancia. **Era cierto que los anuncios de Google ya no le funcionaban tan bien y que la competencia prácticamente se los había copiado.**[3]
>
> Aquel año acabó con un 7 por ciento menos de facturación, pero como todavía estaba en beneficios no quiso atender a algo que ya le habían advertido los números: **sus programas de formación ya no tenían la misma conversión que tenían antes y la gente que aterrizaba en su web pasaba menos tiempo leyéndola.**[4]

Durante el resto del relato del viaje del villano lo que tenemos que ir haciendo es que la empresa vaya teniendo cada vez menos porción de negocio, hasta que realmente esté en una situación crítica. No muerta, crítica, y ahí les ofreces tus servicios.

Piensa por un momento la cantidad de empresas que van bien y que empiezan a perder fuelle, es algo tremendamente habitual. A mí me llegan constantemente cosas así: gente profesional, con años en lo suyo, que poco a poco va viendo

3. En la frase en negrita lo que le estoy transmitiendo es que, posiblemente, tenga problemas con los textos de sus anuncios. Hablo de la competencia y de sonar todos igual, pero desde otro ángulo diferente al que se suele hacer siempre.

4. Volvemos a lanzar otro anzuelo: empiezas a convertir menos y la gente parece menos interesada en tu web, hay motivos para preocuparse y la solución parece clara: hay que mejorar la comunicación, los textos, la conversión, el copywriting.

como la competencia le come terreno y necesitan reaccionar. Esto es extraordinariamente habitual en el mundo de la empresa, este ángulo hará que se sientan identificadas muchas personas. Muchísimas. Empresas de cosméticos, de formación, de nutrición... me comentan ejemplos de este tipo de forma constante. Entonces, en este ángulo simplemente lo que tienes que hacer es hablar a esos negocios que ya son un buen negocio, pero que empiezan a notar que las cosas no van tan bien como antes. Hay muchísimo mercado ahí. Empresas que van bien pero que llevan años y les atropelló esta avalancha online, empresas que cuando empezaron en internet no tenían competencia y ahora tienen que competir con gigantes como Amazon... las opciones son infinitas.

Y no sólo eso. También muchas empresas de éxito que no hayan notado ningún frenazo se sentirán atraídas ante la idea de adelantarse a los problemas. Para eso el ángulo del viaje del villano es muy poderoso.

¿Cómo estructuras un viaje del villano?

1. Piensa en una empresa de tu sector que funcione bien.
2. Luego piensa en tres errores que podrían cometer que tú sabrías solucionar. Digo tres, pero podrías centrarte en uno o en cinco. Aunque tres es un número que parece apropiado. No busques los defectos en la empresa que hayas pensado, simplemente piensa qué tres fallos podría cometer que tú soluciones. No es necesario que los esté cometiendo, es suficiente con que tú los imagines y que puedan ser comunes.
3. Empieza escribiendo desde la cima, cuando mejor le va a la empresa. Luego vas bajando por la escalera, en vez de subir y bajar. Y es ahí donde vas hablando de esos errores. No tienes que hablar de tus soluciones en esos momentos en los que escribes. Toma el ejem-

plo de arriba, simplemente les haces ver los fallos gordos que deben tener en cuenta, los que hacen que todo se vaya derrumbando.

4. Al final de tu narración es cuando asocias tu producto o servicio con todos esos problemas que has ido comentando.

Éste es el potente viaje del villano. Lo utilizo muchas veces en mis e-mails por ser muy eficaz para vender.

Larga vida al villano.

7

David contra Goliat y contra todos

Mira.

Cuando tenía seis años llegué a un nuevo colegio. Yo era un niño muy delgado (luego me hice gordo) y muy guapo (luego me hice hombre). También tenía unas gafas que mi madre siempre me advertía:

—No las pierdas. Debes cuidar de tus gafas. Tus gafas son importantes para ti.

—Vale, mamá.

Aquel consejo de madre sensata me costó una patada en la boca. Ahora te lo cuento y vas a ver por qué puedes hacer muchas ventas si dominas este ángulo de ventas de «David contra Goliat y contra todos».

Bien.

El caso es que aquel primer día de colegio, a la salida, cinco compañeros de clase me invitaron a acompañarlos a una callejuela que estaba detrás. Fui. Me rodearon y me empezaron a empujar. Yo todavía no tenía miedo. Todavía no. Aquello me parecía tan raro que no tenía ni miedo. Luego uno de ellos me dio un puñetazo. Después unos pocos más, en la cabeza y en la tripa. Ahí ya sí tenía miedo. Y me defendí. Cuando te rodean cinco personas para pegarte no te defiendes por valiente, te defiendes porque quieres sobrevivir. De una de las hostias, por la espalda, se cayeron mis gafas al suelo. Justo en un charco de tierra. Así que cometí un error de principiante.

¿Qué error?

Irme al suelo para pillar las gafas. Cualquiera que sepa algo de problemas callejeros sabe que jamás debes ir al suelo. Si vas al suelo, reza. O, mejor, no vayas nunca al suelo. Pero fui al suelo. A ver, mi madre me decía que no perdiera las gafas, que cuidara de ellas. Y yo hacía caso a mi madre por lo menos una de cada cuatro veces. Esa vez le hice caso. Y cuando estaba en el suelo para recoger mis gafas, uno de mis compañeros me dio una patada en la boca tan fuerte que me mareé y vomité. Ahí se asustaron ellos. Y se fueron corriendo. Creo que fue corriendo, pero no lo vi, lo escuché un poco de fondo. Como el tren que se aleja con tu amor dentro. Lo sientes de fondo.

Cuando me levanté recogí las gafas. Salvé las gafas. Me las puse para que se notara menos que estaba llorando. Estaba llorando desconsolado. Muerto de rabia, enterrado en humillación, cremado de odio. Me habían dado una paliza sin ningún sentido. Yo fui al callejón confiado, pensando que querían ser mis amigos, y me llevé todos esos golpes.

Entonces me quité las gafas, las miré, estaban intactas y eso me hizo sentir bien. Mis gafas eran importantes para mí. Debía cuidar de ellas. Como era un niño y tenía que protegerme de aquel impacto, empecé a sentirme orgulloso. Como una forma de defensa. Era como si hubiera salvado a la chica del naufragio. Mis gafas estaban como nuevas. Yo había sido el escudo, me sentí un héroe, me sentí un superhéroe. Sólo era un niño de seis años, un pobre pardillo al que lo habían molido a palos, pero el salvar las gafas fue el ancla a la que agarrarme, fue mi consuelo, fue mi eterno consuelo. Las gafas eran importantes para mí y yo las había salvado.

¿Qué clase de animal descerebrado no cuida y protege las cosas importantes de su vida? Conservarlas me hizo sentir fuerte. Me hizo sentir valiente. Me hizo sentir importante. Ésa fue mi ancla.

(Realmente la historia no acaba aquí. En otro libro contaré lo que pasó después, el auténtico final. Pero eso lo contaré en otro libro. En éste, no.)

Gracias a aquella historia, que tengo tallada dentro de mí, cada vez que tenía que trabajar con un cliente que era pequeño, o sea, David, en un sector donde hubiera uno o unos cuantos Goliat, utilizaba esa ancla. El ancla del orgullo. De sentirse importante, de sentirse valiente, de sentirse fuerte. De luchar contra Goliat, de luchar contra todos.

Esos ángulos son muy inspiradores para la gente porque pueden empatizar con la marca que se enfrenta al gigante. Si tú no eres el gigante, tienes que ser David. Introduce la épica en tu relato. Debes utilizar un ancla, ese momento de tu vida que te hizo sentir orgulloso, poderoso, fuerte. Vuelve a sentir ese momento, esa emoción. Debes utilizarla. Y muchas veces eso viene de los peores momentos, de grandes humillaciones. Ahí hay enormes relatos para vender y vivir, que es lo mismo.

«David contra Goliat y contra todos» es uno de los mejores ángulos que puedes utilizar para hacer historias que vendan. Si somos el que se enfrenta al gigante, hace que nos acompañen en el viaje de una manera en la que se identificará mucho más, porque casi todo el mundo está debajo del gigante, de la multinacional, del poderoso. Eso es como cuando un equipo muy modesto gana a uno muy grande, casi todos empujan con el modesto y quieren que ese gane porque se identifican con él. Como te digo, esta variante es potentísima.

Cuando empieces a escribir, establece ese paralelismo entre tu comienzo humilde y haz la comparación con el gigante. Por ejemplo, si tuviera que escribir para una empresa que hace ropa, diría algo así:

Ésta es la historia...

> Cuando montamos PocasModas, la mayoría pensó que éramos unos ingenuos. Montar un negocio de ropa femenina, tres amigos y con apenas unos ahorros para hacer los primeros patrones...
>
> Pero entiendo que mucha gente lo pensara así. A veces, hasta nosotros lo veíamos así.
>
> Parece que esto de hacer ropa de alta calidad sólo está al alcance de los gigantes de la moda, y nosotros éramos unos *pringaos* del sur de España.
>
> Pero todo aquello que parecía tan imposible, dejó de serlo el día que...

Y rápido, a continuación, hablas de una primera venta, de cuando te financió el banco, lo que sea. Ya tienes tu David contra Goliat. Es importante entender que a no ser que seas tú el gigante, siempre podrás utilizar el recurso de «David contra Goliat y contra todos».

Pero, ojo, es muy muy importante que no lo hagas desde un punto victimista ni plañidero. El mundo está lleno de plañideros y de quejicas. No seas uno de ésos, haznos un favor al resto. Puedes jugar con tu posición de David, con tu posición de humildad, mostrando carácter, orgullo y determinación. Así serás mucho más atractivo. Puedes recalcar la situación de éxito de la que disfrutas ahora. No digo chulo, no digo arrogante, digo que dejes claro que has podido estar vivo y ofreciendo lo mejor de ti en el mundo de los gigantes.

Otro ejemplo. Piensa que eres una jefa de prensa, que tienes un gabinete de comunicación donde estáis tú y una becaria. En tu sector habrá grandes agencias, seguro que agencias intimidantes con las mejores cuentas de los mejores clientes. Puedes utilizar el poder de las historias para hacer tu particular David contra Goliat. Podrías contar:

> Cuando fundé mi gabinete de prensa mi madre me dijo que por qué no me iba con alguna de las agencias importantes que ya había. Que con mi currículum no tendría problema en tener un buen puesto.
>
> Puedo comprenderla. Las madres suelen buscar la seguridad de sus hijos. Incluso no niego que muchas veces, sin reconocérselo, pensaba que llevaba razón y que eso era lo mejor que podría hacer.
>
> Yo sólo era otra más, una chica recién licenciada en Periodismo, con apenas un par de años de experiencia y unas ganas tremendas de comerme el mundo.
>
> Pero un día me lie la manta a la cabeza, empecé a hacer contactos de calidad, a trabajarme las apariciones en prensa de mis clientes (si tienes curiosidad te puedo pasar mis primeros trabajos, aunque ahora me den un poco de vergüenza) y algunas marcas muy importantes empezaron a depositar su confianza en mi agencia...

Si te fijas, esta historia tiene los elementos de David contra Goliat. Y además habla de algo con lo que mucha gente se podrá sentir identificada, con esas madres o amigos que nos dicen: «Mejor busca un buen trabajo, que montar una empresa tiene mucho riesgo». Esto es algo muy habitual. Muchos de los potenciales clientes de esta mujer podrían verse identificados, pues también son gente que tiene sus propias empresas.

Estos ejemplos son simplemente para que puedas desarrollar tus técnicas, tu manera de contar tus historias, pero conociendo unas bases a las que poder agarrarte. Lo más importante: nunca dejes de contar tu historia. No es una opción.

Hemos venido al mundo a contar nuestra historia. Hazlo y lo agradecerás.

8

Vender con el anti-storytelling

Vamos a ver cómo sacar partido de las palabras sin tener que utilizarlas. Éste es un concepto realmente potente una vez sepas cómo aplicarlo. Todo empezó por una casualidad y por un supuesto error.

Te cuento.

Hace aproximadamente un par de años recibí un e-mail de una tienda de ropa. Por mi trabajo estoy apuntado a muchas listas de suscripción de diferentes negocios (algo que te recomiendo hacer para ver qué se hace bien y qué se hace mal, qué te llama la atención...) y una de esas listas era de una tienda de ropa.

Resulta que estaban vendiendo diferentes productos de la marca. En el correo ponían varios enlaces con diferentes descripciones. Y uno de los enlaces, uno de los productos, estaba en blanco y me llamó muchísimo la atención. Aquello fue como un imán. Un montón de enlaces en el e-mail con su descripción correspondiente y uno de ellos completamente en blanco. Destacaba como el llanto de un bebé en una biblioteca. En todos venía esa descripción de por qué lo tenías que comprar. Una camisa, un pantalón, lo que sea: «Si eres una chica con tal estilo, mira este pantalón», «Mira esto, moda para adolescentes que son *skaters*» y así en todos, menos uno, el que venía en blanco.

Al poco tiempo, esa misma marca mandó otro e-mail para decir que había sido un error, pidiendo disculpas y poniendo ya la descripción junto al enlace del producto. Pero sin embargo pensé: «Vaya, resulta que el producto que más me ha llamado la atención es el único que no tenía nada. Han utilizado las microhistorias en cada uno de los enlaces menos en uno. La tienda lo considera un error, pero si a mí me ha llamado tanto la atención, ¿por qué no podría haberles pasado a otras personas?». Sin duda, era lo más llamativo del e-mail. Destacaba con relación a todos los demás porque no tenía nada.

Entonces, lo que quiero mostrar con esto es cómo vender algo que te interesa especialmente. Ya sea porque tengas más estocaje, porque te deje más rentabilidad, porque es un producto que vaya a quedar obsoleto... por la razón que sea. Da igual. Imagínate que tú tienes varios cursos, varios productos, varios servicios y hay uno en particular que quieres vender más. ¿Cómo lo harías? Pues a raíz de esta casualidad, un error en un e-mail mandado por otra persona y que fijó muchísimo mi atención, decidí probar a mi manera y ver si funcionaba. Así que el 11 de enero de 2022 mandé un e-mail en el que enlazaba todos mis cursos, que dos días después retiraría de la venta. Yo tenía especial interés en vender uno de ellos porque era el que más margen me dejaba. Entonces, en aquel e-mail hacía una descripción de todos los cursos. Los ofrecía de la siguiente manera:

> —¿Me conviene el curso de cartas de venta?
>
> Aquí contaba por qué convenía, a quién más y a quién menos y el enlace.
>
> —¿Me conviene el curso de presupuestos?

Aquí contaba por qué convenía, a quién más y a quién menos y el enlace.

Y así con todos los demás. En todos, descripción y enlace. En el curso de Tela de Araña, simplemente pongo «Sí» y el enlace. Destaca muchísimo ese producto en concreto, que era el que yo quería vender por encima de todos. Era el más caro y lo había promocionado no hacía mucho. O sea, que gran parte de mi lista de suscriptores ya lo tenía.

Vale, sabiendo esto: ¿cuál fue, en las siguientes 48 horas que quedaban para poder comprar los cursos, el curso más vendido de todos?

El de Tela de Araña. Utilicé el anti-storytelling. Puse una descripción en cada curso y en éste, ante la pregunta de si te interesa este curso, puse únicamente «Sí». Utilicé un enorme contraste y un foco de interés concreto. Y tengo que insistir en que este curso era el más caro y que lo había promocionado apenas unas semanas antes. Además, no es sólo porque fijase muchísimo la atención. El concepto no es sólo que fije mucho la atención y destaque a nivel visual cuando lo ves en el texto, por el hecho de que en todos los demás haya argumentos de venta y en éste no. Es que es una muestra de rotundidad y de autoridad enorme.

Te dejo el e-mail completo para que lo puedas ver tú mismo. Fíjate.

> **Asunto: No te puedo responder. (Mañana se acabó la venta de todos mis cursos)**
>
> Mira.
>
> Estoy recibiendo tal avalancha de correos estos días que aunque los leo, voy a tardar en responder algunos de ellos.

Entonces esto que voy a contar puede que te interese.

A diferencia de la gente que sabe mucho de marketing, yo no abriré el "carrito" un día después del cierre por aclamación popular.

Pero como recibo muchos emails que no puedo responder de forma personalizada antes de mañana a las 23:59h que es cuando dejo de venderlo todo, te hago un breve resumen de cada curso.

—¿Me conviene el curso de copywriting?

Si te interesa aprender copywriting en profundidad y esto es algo que le interesa a cualquier persona, te conviene.

Da igual lo que vendas, aprender escritura persuasiva es una habilidad y ventaja competitiva que vale para todo.

Ahora, si tú ya tienes un 43% de conversión, no te hace falta.

Curso de copywriting que retiro de la venta para siempre mañana día 12 a las 23:59h

—¿Me conviene el curso de email marketing?

Pues si tienes una lista de suscriptores o piensa tenerla, sí. En caso contrario, no. Porque este curso es para eso.

Lo que si te pido, como favor al mundo es que quemes la plantillas y no hables a los demás como si fueran gilipollas. En serio, vas a vender mucho menos y es merecido.

Pero si quieres aprender email marketing a un precio absurdo teniendo en cuenta que cualquier agencia te cobra una barbaridad por escribirte unos emails que le darían vergüenza hasta a mi perro, pues lo mismo te interesa.

Curso de email marketing que retiro de la venta parasiempre mañana día 12 a las 23:59h

—¿Me conviene el curso de cartas de venta?

Bueno, si aprendes a escribir páginas de ventas jamás tendrás problemas de dinero.

A partir de ahí, decide.

Ojo, si tienes una tienda online con muchas referencias (lo que viene a ser en bilingüismo avanzado un *e-commerce*) este curso no es para ti. Este curso es para vender servicios, cursos o productos de un cierto valor y escribir verdaderas cartas de venta, no fichas de producto.

Curso de cartas de venta que retiro de la venta parasiempre mañana día 12 a las 23:59h

—¿Me conviene el curso de presupuestos?

Si vendes servicios es la mejor inversión que haces en tu empresa en 5 años. Si no vendes servicios, no te interesa.

Curso presupuestos que retiro de la venta parasiempre mañana día 12 a las 23:59h

—¿Me conviene el curso de Storytelling?

Pues también es fácil. Es el poder de las historias y conozco más de uno que se hizo rico así. Pero rico, rico.

Si tu crees en el poder de las historias y la venta, te interesa.

Si no crees en ello, no te interesa.

Curso Storytelling que retiro de la venta parasiempre mañana día 12 a las 23:59h

—¿Me conviene el curso de Tela de araña?

Si.

Curso tela de araña que retiro de la venta parasiempre mañana día 12 a las 23:59h

—¿Me conviene el curso aumentar suscriptores?

Tener una buena lista de suscriptores es lo mejor que puedes tener. Pero debes superar la timidez y tener la espalda ancha porque cuando destaques te van a intentar machacar.

A mí eso me excita, si para ti es un problema, no compres el curso.

Curso aumentar suscriptores que retiro de la venta parasiempre mañana día 12 a las 23:59h

—¿Me convienen los Audios de Lucía?

Pues si quieres saber qué consejos le doy a una amiga para aumentar sus ventas online, que estrategias y qué ángulos debería utilizar. Te conviene.

Si crees que yo a mis amigos les digo que rellenen plantillas y parezcan furbys, no te conviene.

Audios de Lucía que retiro de la venta parasiempre mañana día 12 a las 23:59h

Gran día.
Isra Bravo.

Ése era el e-mail.

Es una de las estrategias más poderosas que vas a poder aplicar para vender algo en concreto cuando tengas varias cosas que ofrecer. Te recomiendo que cuando tengas la oportunidad utilices el anti-storytelling para vender bruto. Cuando ves eso, la sensación es de: «Es que me ha dicho que sí con tanta rotundidad...». No he tratado de convencerte. Es «sí», no tienes más opción. Puedes poner «sí», o «sin duda», o «desde luego» y ya está. No das explicaciones. Le das una sensación de valor mucho más elevada.

Lógicamente no puedes hacerlo constantemente. Es un recurso que quiero compartir sobre algo que funciona muy bien y es muy bueno para la venta utilizando el poder de las historias. Es como una técnica de anti-copywriting: vender con el copywriting sin usar palabras, lo cual tiene muchísima gracia. Cuando me llegó aquel e-mail de la tienda de ropa, vi que me llamó especialmente la atención y dije: «Uh, esto significa algo. Si hago esto va a llamar mucho la atención». Pero claro, no iba a dejar aquel curso en blanco y sin enlace. Así que simplemente con ese «Sí», una sola palabra, fue el más vendido. Lo adapté a mi mundo y le saqué un partido enorme.

Dicen que la gente no lee. Pero es mentira. Lee hasta lo que no lee.

9

Hay mucho gilipollas. Ése es el verdadero problema. Psicología de la venta contando historias

Te voy a contar una tontería que me hizo pensar. Una tarde de julio calurosa en Madrid fui al teatro a ver a unos tipos de *El Club de la Comedia*. Nunca había ido a ver un espectáculo de *El Club de la Comedia*.

Hubo dos cosas que se me quedaron grabadas. Una de las humoristas dijo: «Si no te quiere ni te empotra, que se lo quede otra». Cosa con la que estoy de acuerdo.

Y un tipo que salió al escenario con una camiseta rosa horrible, unos pantalones pesqueros horteras y pintas de pardillo, soltó en apenas unos segundos una de las mayores verdades que he escuchado nunca. Dijo así: «La gente cree que el problema es la tecnología, o el cambio climático, o el coche eléctrico de los cojones, o la educación, o la sanidad, o la economía... ¿Pero sabes cuál es el verdadero problema? Que hay mucho gilipollas. Ése es el verdadero problema».

A ver, haber, haver... Yo estoy de acuerdo con este tipo al cien por cien. Y esto te lo cuento para que no te quedes en la superficie de lo que vamos a ver ahora. Para que profundicemos.

Piensa en lo que vendes. Da igual lo que sea. Quiero que durante unos minutos, el tiempo que necesites, pienses bien en qué vendes. No digo que pienses en que vendes «un reloj deportivo». Te hablo de un esfuerzo un poco mayor, quiero que pienses que vendes «el compañero que va a medir tus progresos». No pienses que vendes «un armario». Piensa que vendes «ese lugar íntimo de la casa donde vas a guardar los recuerdos», ya sea en forma de libros o ropa o fotos, da igual. No es un armario, es un organizador de recuerdos, de cosas que te importan.

Bueno. Ahora piensa otra vez y tómate el tiempo que necesites en saber qué vendes. Una vez lo tengas, deberías anotar el principal beneficio de tu producto o servicio. Ojo, esto es muy muy importante, el beneficio de lo que vendas, no el beneficio que tendrá el cliente.

Con un ejemplo, este concepto nos quedará más claro. Si tú vendes una máquina para hacer café —no tengo ni idea de cafeteras, es sólo un ejemplo, para entendernos—, el principal beneficio de la máquina podría ser que hace cien cafés sin necesidad de limpiarla, ni cambiar el filtro, ni nada. Ése sería el principal beneficio de la máquina, no el de tu cliente. El beneficio para tu cliente no es ése.

¿Y por qué te pido que hagas esto y que nunca dejes de hacerlo? Porque la mayoría de la gente ahí fuera está confundiendo el beneficio de lo que venden con el beneficio para el cliente y ahí se pierden muchísimas ventas. Muchísimas. Entonces empiezan a contar su relato de marca o el producto que venden en ese momento y nos resulta aburridísimo por la sencilla razón de que ése no es el principal beneficio. No es algo emocional, por tanto no es algo emocionante y la venta es emoción, tensión y diversión. Aunque tú puedes ser todo lo serio que quieras, por supuesto. Vale, entonces es de vital importancia que para crear buenas historias alrededor de tu marca tengas muy claro el beneficio de lo que vendes. Eso por un lado.

Te voy a repetir el ejemplo, que las cosas importantes hay que repetirlas, al menos, dos veces. Que tu máquina de hacer café haga cien cafés sin necesidad de limpiarla no es el beneficio emocional del cliente. Es el principal beneficio de la máquina. Que no deja de ser una puta característica. Hablemos claro.

Así que sabiendo eso, lo siguiente que debes hacer es anotar los beneficios para el cliente. Y esto que viene es importante, debes dividirlos en dos:

1. Por un lado, el principal beneficio racional.
2. Por otro, el principal beneficio emocional.

Haz esto. Aquí hay claves importantes para hacer historias que vendan. Con el ejemplo de la cafetera, veamos:

1. Beneficio racional de nuestra cafetera para el cliente: Ahorro de tiempo. Si no tengo que estar limpiando la cafetera cada vez que quiera un café, podré dedicar más tiempo a prepararlo con tranquilidad antes de empezar el día.
2. Beneficio emocional: El ritual de un buen café y de su aroma cada día haciendo sentir que mi casa, mi hogar, es donde mejor se puede estar. Y el aroma del café cada mañana me lo recuerda nada más levantarme.

Espero que quede clara la enorme diferencia entre el principal beneficio del producto, por un lado, y, por otro lado, el principal beneficio racional para el cliente y el principal beneficio emocional. Si eres capaz de separar esto claramente, tienes una historia ganadora. Pero como te decía al principio, tienes que pensar. Pensar por ti mismo.

Algo importante que debo aclarar es que cuando contamos nuestra historia no tenemos que encontrar un beneficio mágico, puede ser algo compartido. Me explico. Dejar un mundo mejor a nuestros hijos es un argumento puramente emocional que pueden compartir un patinete eléctrico de esos del infierno o una tienda de alimentos naturales de huerta, por ejemplo. Productos que no tienen nada que ver. Esto te lo digo para que evites la obsesión de buscar los beneficios emocionales más originales que puedas, porque es perder el tiempo. Un beneficio emocional es un beneficio emocional, no un concurso de creatividad. Punto.

Ahora, ¿cómo podemos construir la historia de la máquina de café si nos hemos hecho previamente las preguntas adecuadas y las hemos respondido pensando con detenimiento en ellas?

Tú has respondido el QUÉ. Ahora vamos a ver CÓMO lo vas a contar. El resultado de contar la historia. Por ejemplo, así:

> Cuando empezamos con este negocio, teníamos claro que el café tiene algo de tribal. Esa sensación de hogar, de fortaleza, que da el aroma a café no está al alcance de la mayoría de las cosas.
>
> Pero ¿qué sería de todo eso si no puedes disfrutarlo cada mañana en menos de cinco minutos?
>
> Por eso, con nuestra cafetera puedes hacer cien cafés...

Como ves, estamos utilizando argumentos de la parte emocional y de la parte racional, mientras hablamos de una de las características que pueden hacer eso posible. Esto es sólo un ejemplo. Un ejemplo muy simple para poder verlo fácil.

La exageración

En esta línea podemos utilizar otro recurso muy potente: la exageración.

En el capítulo 4 dejé caer que íbamos a ver cómo convertir la exageración en un gran recurso para construir una imagen de marca, para quedarnos en la mente del lector y llamar su atención. Entonces, sigamos con el ejemplo del café, del que habíamos dicho como beneficio emocional para el cliente que su aroma da sensación de hogar. Vamos a ver cómo podríamos utilizar una exageración para dar la vuelta a nuestro argumento y quedarnos bien grabados en la mente de las personas. Podría ser algo así:

> Realmente lo sentimos por todos los fabricantes de muebles, pero una encuesta que hemos hecho en nuestra imaginación nos ha dado el siguiente resultado: el cien por cien de los amantes del buen café considera que no hay mejor decoración en sus hogares que el aroma de un buen café.

Si te fijas, lo único que hacemos aquí es ver el beneficio emocional y darle la vuelta. Lo puedes utilizar como parte central de la narrativa de tu marca en la web, para tus anuncios, para la posdata de tus e-mails... en fin, para lo que quieras. Puedes y debes repetir mucho los mensajes con fuerza. Que entren bien dentro de la gente.

Si el beneficio emocional es no depender económicamente nunca más de ningún trabajo, puedes decir que si todo el mundo siguiera tus consejos, los directores de Recursos Humanos querrían mandarte a una isla desierta totalmente incomunicado. Cualquiera de nosotros puede hacer esto, no importa de qué sea tu negocio o la historia que quieras contar.

Sólo se trata de hacer estas tres cosas:

1. Escribe el beneficio emocional para tu cliente.
2. Escribe quién se puede ver perjudicado en un mundo donde ese beneficio fuera para la gran mayoría.
3. Exagera esa situación para construir tu historia.

Esto es muy poderoso, porque si tú dices que tienes un curso para que la gente sea independiente a nivel financiero está muy bien, pero si en tu relato de marca incluyes que los directores de Recursos Humanos te querrían mandar a una isla desierta, incomunicado, porque nadie los volverá a necesitar, pues está mejor. Se queda mucho más. Al ser algo que evidencia una exageración, una broma, entra muy bien lo que realmente quieres decir: «Oye, que esto que tengo es la hostia», pero con mucha más fuerza.

Por supuesto, esto es sólo una alternativa. No hay que hacerlo porque sí. Sólo pretendo mostrarte otro recurso de narración para la venta altamente rentable.

Bien.

Quizá alguien piense que esto no se puede hacer si vendemos servicios. Pero se puede hacer de la misma manera, por supuesto. Y lo haremos un poco más complicado. En vez de una venta de servicios individual, como podría ser un diseño web, lo haremos con algo que, como el amigo cerrajero del que hablamos antes, podría parecer que es poco dado a las buenas historias. Y vamos a ver que eso no es así, que todo es adecuado para una buena historia. TODO.

Pongamos como ejemplo que tienes una lavandería y vendes servicios a domicilio. El principal beneficio podría ser mantener la vida útil de la ropa por más tiempo. Y ahora, hacemos lo mismo que hicimos con la cafetera: vamos a buscar los beneficios para el cliente, por un lado el racional y por otro el emocional.

- **Beneficio racional.** Ahorro de dinero al poder disfrutar de tu ropa, alfombras o lo que sea durante más tiempo.
- **Beneficio emocional.** Seguir teniendo bajo nuestros pies aquella alfombra que tantos recuerdos me trae y donde han crecido mis hijos. Poder seguir disfrutando de esa camisa que me regaló cuando éramos novios y ver que todavía me sienta bien.

Ya tenemos nuestras preguntas respondidas. Ahora llega el momento de una historia que haga de mi relato de marca, algo que se quede pegado al cerebro de mis clientes como el barniz a la madera. Y verás, no es una historia excepcional, es sólo una historia normal y humana, y quizá sea eso lo excepcional, ¿no? Tenemos el QUÉ, vamos a por el CÓMO. Ésta podría ser la historia:

> Cuando los clientes nos confían su ropa, sus alfombras o sus cortinas, sabemos que no son sólo ropa, alfombras o cortinas, sabemos que son recuerdos. Y los recuerdos se tienen que cuidar con mucho tacto para que nos acompañen el mayor tiempo posible. Si quieres aumentar la vida útil de todas tus prendas, si quieres que luzcan mejor que el primer día...

Ése podría ser el relato de marca de una lavandería a domicilio. ¿Lo ves? Si te lo encuentras en la web, en un buzón o en el escaparate de la lavandería, ¿qué recordarás, «Lavandería 24h» o esta historia? No hay discusión posible. Por supuesto podrían (y deberían) personalizarlo más con detalles de cuándo se fundó, la razón y ese tipo de cosas. Esto es simplemente para que veas cómo de cualquier cosa se puede hacer un buen relato de marca, una buena historia.

Ahora vamos a aplicar la exageración. Como en el anterior ejemplo, vemos los beneficios emocionales que puede tener para un cliente una lavandería y buscamos darle la vuelta. Si un beneficio emocional importante es alargar la vida de nuestra ropa, es bastante fácil concluir que podremos utilizar a los fabricantes y empresarios del sector textil. Lo único que debemos hacer es caricaturizar la situación para que nuestro cliente pueda ver, muy rápido y de manera muy sencilla, cómo de beneficioso es tener la ropa cuidada gracias a nuestros servicios. Podría ser algo así:

> Los fabricantes de ropa nos odian. Hacemos que tu ropa dure mucho más tiempo y parezca nueva. No se lo digas o nos cierran la lavandería que tenemos en la calle X...

Como verás, este recurso te puede dar infinidad de ideas para construir grandes historias que traigan ventas bestias.

Y recuerda, si no te quiere ni te empotra, que se lo quede otra. Y no olvides que hay mucho gilipollas.

Sabiendo eso y utilizando buen storytelling, es imposible no ganar dinero.

10

El niño que no sabe pintar busca consuelo

Para ser tonto no hace falta estudiar mucho.

Mi abuelo

El adulto

He tenido muchos trabajos en mi vida. Es verdad que la mayoría bastante malos, pero de todos he aprendido cosas y estoy contento de haber pasado por todos ellos.

Durante algunas épocas me decanté por trabajos físicos para no tener que relacionarme demasiado ni tener que vestir bien. Cosas que por suerte me puedo seguir permitiendo ahora. Me sentía cómodo descargando camiones sin tener que hablar con nadie, la verdad.

Los trabajos siempre los encadenaba uno tras otro. Y en algunos de los sitios en los que trabajé, de una manera u otra, me comentaban que les había llamado la atención cómo presentaba el currículum. Y desde luego no era por un sinfín de estudios y másteres y experiencias en las mejores empresas del mundo a lo largo y ancho del planeta, sino porque contaba microhistorias. Lo hacía para mí y lo hacía para algunos de mis amigos. Y era altamente eficaz.

Si te fijas un poco, la mayoría de los currículums son aburridos. Descriptivos, sosos. Y hoy día, tratar de impresionar por tus estudios es parecido a tratar de competir por precio. No creo que sea la mejor idea. Tengo la sensación de que la gente tiene muchos títulos, que eso no es malo en absoluto, faltaría más. Pero no sé si es suficiente en la mayoría de los casos.

La mayoría de los currículums dicen cosas así:

- De 2000 a 2004, graduado en Periodismo por la Universidad Complutense.
- Del año 2004 al 2006, en la empresa XXX, ejerciendo de XXX.

Me aburro.

Así que todos esos currículums se amontonan en la mesa del tipo de Recursos Humanos, que podría leer cien propuestas e irse a casa y no recordar prácticamente nada de ninguna. Pero en los negocios y en la vida, para llamar la atención tenemos que romper la norma. Aquello que esté establecido. Enfrentarse a los miedos y a las formalidades y desafiarlas y tumbarlas.

Entonces, imagina al de RR. HH. Aburrido, una tarde lluviosa de martes, con su tercer café de máquina chunga del día mirando el reloj, deseando marcharse a casa, calentar una sopa y abrazar a su novia. Piensa en ese tipo. Piensa en esa escena. Pensando en eso tienes dos opciones: le puedes mandar un currículum aburrido, descriptivo, sin emociones, sin humanidad, sin historia, sin nada...

—Soy bilingüe.

Pues muy bien.

O le puedes decir...

—Soy bilingüe en inglés y español porque me propuse aprenderme todos los diálogos de *Los Soprano* para impresionar a una compañera inglesa de la facultad que era tan guapa que no le podía quitar ojo, y me comí tres farolas seguidas el día que la vi por primera vez en la universidad.

Eso vale para cualquier cosa. Puedes decir:

—Soy profesor de saxo.

O puedes decir:

—Soy profesor de saxo porque cuando era pequeño veía a esos grandes músicos que escuchaba mi padre, y se ponía tan contento y parecía tan feliz escuchando aquella música que tuve la necesidad de aprender a tocar.

Puedes decir:

—Soy montañero.

O puedes decir:

—Soy montañero porque cuando tenía diecinueve años sufrí un accidente de moto y prometí que si me recuperaba, iría a la montaña. Desde entonces no he podido dejarlo.

Esto lo puedes aplicar a lo que sea que hayas estudiado o donde hayas trabajado. Por supuesto, también vale para empresas. Para presentarse en la web:

—Somos arquitectos porque nos apasiona hacer casas.

O puedes decir:

—Somos arquitectos porque mi madre tenía aquellos planos enormes en su mesa de trabajo y mientras la mayoría de los niños jugaban con el balón, a mí me gustaba soñar que dibujaba casas y que por la noche se levantaban solas. Ahora sé que no se levantan solas, pero si las sueñas, las puedes levantar tú.

Simplemente tienes que preguntarte por qué hiciste lo que hiciste. Y cada pequeña respuesta es una gran pequeña historia. Los datos personales e intransferibles siempre alimentan un relato. Éste es el núcleo central del contar historias y ser recordado.

Así que no digas sólo que eres cocinero, ni que eres SEO, ni que eres asistente virtual. Si buscas trabajo, di que eres eso y a continuación una breve historia de la razón por la que lo haces. Así dotas de emoción a tu texto y las posibilidades de encontrar trabajo se multiplican. Con esto sólo pretendo mostrarte que el storytelling vale para todo, desde vender la cafetera de tu abuela, hasta para vender bestia en tu empresa o para encontrar trabajo.

O para follar.

Piensa en ese hombre gris y aburrido leyendo cien currículums o... piensa en follar.

El niño

Algo fallaba en la forma en la que trataba de dibujar. Daba igual el tipo de dibujo, desde muy niño he sido extraordinariamente incapaz de dibujar nada con un mínimo de coherencia o gracia. Daba igual que fuera una casa, un perro, un parque... No era capaz de entender las dimensiones ni el trazado ni la perspectiva. Nada. Así que tuve que desarrollar algún tipo de habilidad que no se me diera tan mal. Una de ellas era «escribir los dibujos». Si tenía que pintar un parque con familias jugando y animales corriendo por ahí, en vez de pintarlo, lo escribía. En frases cortas, en frases directas. Cuando veía un dibujo, lo escribía.

Años después, y en mi sana obsesión por dibujar en la mente de la gente, uno de los ejercicios que hago a menudo todavía hoy es coger un dibujo que encuentre por ahí y escribirle un relato. Si hay una casa, escribo quién vive dentro, sus platos favoritos y qué sueños han dejado de cumplir. Si es un parque, cuento la historia de la pareja que se quería tan rabiosamente que hasta dolía y que fueron allí a besarse, y que no se movían del banco de madera, incluso aunque lloviera a cántaros. Hago constantemente este ejercicio. Miro un dibujo y escribo, le puedes regalar un bonito relato de doscientas o trescientas palabras, aunque sea. Te recomiendo hacer eso. Mirar dibujos y escribirlos. Te permitirá desarrollar tu forma de escribir, que luego podrás implementar para vender. Mírate a ti mismo creando historias a partir de casi la nada. Te harás mejor profesional y, con ello, te irá mucho mejor en tus negocios.

¿Y de qué sirve hacer esto?

Sencillo. Nos permitirá entender que la gente no tiene «la sonrisa manchada», tiene un complejo. Las personas no tienen «un horno con miles de no sé qué de potencia», tienen una cena romántica lista en cuarenta y cinco minutos. ¿Lo ves? Debes hacer historias. Debes entender lo que hay detrás.

Sin lugar a duda, ser extremadamente malo dibujando fue con el paso del tiempo una gran ventaja para mí. Desarrollé la obsesión por la escritura y además me permitió ser muy preciso a la hora de volcarla en e-mails, páginas de ventas, anuncios, etcétera.

Otra de mis obsesiones y que te recomiendo como ejercicio es andar. Lo he dicho en montones de sitios, constantemente. Andar te hace más listo. Seamos sinceros, si tienes un vecino gilipollas al que le encanta andar, será un gilipollas que ande mucho, sólo eso. Pero será menos gilipollas que si se quedara quieto. Andar nos mejora, partamos de la base que partamos. Andar nos permite pensar las cosas de una forma que jamás ocurre sentado frente al ordenador. Cuando andas las ideas fluyen y te llevan a sitios imposibles de otra forma. Creo que es algo hasta avalado por la ciencia, pero no tengo el estudio a mano, así que tendrás que creerme. Anda.

Te voy a contar dos anécdotas sobre esto. Una me pasó a mí. Otra, a uno de los mayores genios publicitarios de la historia.

En 2016 vivía en Gijón. Mi sueldo eran 1.000 euros al mes y era en esa época cuando trabajaba descargando camiones. El caso es que los fines de semana me iba a andar. Solo. Horas. Lo hacía al borde de los acantilados. Esos paseos eran una de mis tablas de salvación. No paraba de pensar en formas de ganarme la vida, de ganar dinero, de tener éxito de alguna forma. Era un hombre, quería pagar la puta cuenta. Un domingo, soleado, muy soleado para ser Gijón, bajé todo el camino cuesta abajo dando pequeños saltos y carreras. (Soy un friki con constantes conversaciones ilusionantes y motivantes conmigo mismo. Sobre todo, cuando ando. Sin duda, mejor eso que pensar que no vales para tomar por culo, por ejemplo.) Estaba entusiasmado con la idea que acababa de tener. Escribiría biografías.

A la gente le encanta tener su biografía, pero es demasiado perezosa o tiene demasiados complejos con relación a su escritura y no quiere escribir. Yo lo haría por ellos. No me importaba mi enorme cantidad de faltas —sigo teniendo, pero hasta los treinta y seis años que empecé a leer y usar el diccionario online y mejoré bastante, no sabía casi ni acentuar y no exagero. Ni miento ni me siento orgulloso ni avergonzado, simplemente, no sabía escribir, académicamente hablando. Más de uno dirá que ahora, tampoco, jajajaja—, porque contrataría a alguien para la corrección. Esa idea de negocio, que he visto en más gente, incluidas personas que se forman conmigo, y que es muy rentable, me ilusionó durante unos meses. Y andando se me ocurrían un montón de cosas sobre cómo llamar la atención, cómo lograr clientes, cómo ser diferente... todo eso se me ocurría caminando. Finalmente, nunca monté ese negocio, pero aquello alimentó mis ilusiones, como cuando era adolescente e iba andando al trabajo pensando en ser algún día un escritor o un músico importante que vendiera grande. Y no sólo mis ilusiones, todos esos paseos me dieron ideas que luego apliqué para mi web, <motivante.com>, me dieron montones de historias, me dieron vida.

Y hoy, cada día, ando al menos dos horas. Y esas ideas que siempre ocurren en el paseo se aprovechan. Todas. Algunas para negocios, otras para libros, para e-mails, para lecciones, para cartas o, simplemente, para soñar. Todo se aprovecha. A medida que paso menos tiempo frente al ordenador y más andando, más dinero gano y lo que hago es de mayor calidad. Andar es solitario, andar es reflexivo, soñador, inspirador y si no tienes nada importante en lo que pensar, piensas en lo más importante de todo, en un buen culo. Pero piensas.

Y para que veas que esto no es sólo cosa mía, te voy a contar la otra anécdota. Una gran anécdota que tiene como protagonistas a Jeff Goodby y a David Ogilvy.[5] No es de andar exactamente, pero el trasfondo es exactamente ése. Goodby es uno de los mejores copywriters contemporáneos y cuenta cómo conoció a David Ogilvy. Por si no te sitúas, Ogilvy es una leyenda de la publicidad y su trabajo es impresionante.

El caso es que Goodby cuenta que un día Ogilvy fue a la oficina donde él trabajaba. Por aquel entonces, Goodby era un copywriter novato y Ogilvy ya era una leyenda respetada, venerada y envidiada por muchos de sus colegas. Entonces Goodby vio que Ogilvy estaba sentado solo en una sala de la

5. Si no te suena el nombre de Ogilvy, tal vez te suene más si te digo que Don Draper, el protagonista de la serie *Mad Men*, está inspirado en él.

oficina. La mayoría de los que andaban por allí le reconocieron, pero no se atrevieron a decirle nada, pero él sí lo hizo. Así que se acercó, se presentó y le comentó que trabaja allí como copywriter novato.

¿Y qué le respondió Ogilvy?

Que si tenía un cigarrillo.

Goodby le dijo que no se preocupara, que le conseguiría alguno. En realidad, le consiguió varios, pues andaba muy preocupado por quedar bien con el gran Ogilvy. Aquel detalle, el de conseguirle los cigarrillos, le permitió fumarse un par de ellos con él y poder charlar mientras tanto. (Jeff Goodby cuenta en una entrevista que guardó una de las colillas y la colgó en la pared durante mucho tiempo a modo de inspiración, con una frase que decía: «Fumado por David Ogilvy, 18 de octubre de 1981».)

Durante la charla, Ogilvy le preguntó:

—¿Cuántas horas escribe al día, joven?

El novato pensó que era una pregunta trampa y que para impresionarlo y que viera que era una gran promesa, debía decir que trabajaba unas diez horas, así que le dijo:

—Entre ocho y diez horas.

—Oh, ¡pobre chico! No puede escribir ocho o diez horas al día... Debería escribir dos horas y, el resto del día, debería estar buscando cosas sobre las que escribir.

Jeff Goodby siempre ha dicho que aquel consejo le pareció genial. Básicamente, porque le dijo que su trabajo era estar siempre atento a las cosas que podía usar, sobre las que podía escribir. Esto te convierte en una persona que aprecia su propia vida. Es mejor vivir de esta manera. Según sus propias palabras, fue un consejo muy inspirador.

Lo que quiero decir es que el trabajo, gran parte de las veces, está en lo que no parece trabajo. Supongo que nos educan para el sacrificio (a algunos poco, la verdad) y aunque eso puede ser positivo para muchas cosas, puede confundirnos en otras. Estar todo el día trabajando, tal y como lo entendemos, podría estar matando gran parte de tu trabajo. Entiéndeme, no soy un hierbas, si te dedicas a descargar camiones, atender en un supermercado, poner gasolina o despachar fruta, no puedes hacer eso dos horas y el resto, andar y pensar y escuchar. Te hablo con respeto a tu inteligencia. Sólo digo que andes, que si tu trabajo es una basura, saques tiempo para andar. No te encierres a ver la televisión, ni a leer noticias basura, ni a ver payasos en redes sociales. Anda. Ahí tendrás muchas respuestas y se te ocurrirán muchas cosas.

Y, por supuesto, si ya tienes la suerte de tener un trabajo donde puedes organizar tu tiempo a tu manera, entonces sí te lo diría radicalmente: es muy probable que dos horas frente al ordenador y unas cuantas horas andando te hagan ganar mucho más dinero. Vas a llegar a ideas, vas a pensar sobre cosas en las que no podrás pensar frente al ordenador o mirando *wasap* o alguna historia de ésas. Esto es una realidad. Y como este libro va sobre escribir, va de storytelling, te diré que lo mejor para escribir es una disciplina para escribir: dos o tres horas pueden ser suficientes, puede ser enorme eso, sin distracciones, y otras dos o tres horas, andar.

Y si crees que no te lo puedes permitir porque eso es una pérdida de tiempo, es porque no has andado ni trabajado lo suficiente.

Es lo que hay.

11

Los diez tocamientos para ser escritor

En este capítulo 10, vamos a ver diez cosas que todo el mundo tiene que saber para poder escribir. Estoy casi seguro de que alguna te sorprenderá de forma intensa. En todo caso, empezamos.

1. Hay que escribir todos los días

No de lunes a viernes. No los fines de semana. Hay que escribir todos los días. ¿El día de la final del Mundial? Escribe. ¿El día de tu boda? Escribe. ¿El día que te partes una pierna? Escribe. ¿El día que descubres que eres un cornudo? Escribe. Escribe y escribe y escribe. Todos los días. Debes tener palabra y adquirir un compromiso. Y esto es, básicamente, por dos razones.

La primera razón es porque sólo así, con ese nivel de compromiso, podrás avanzar, podrás mejorar, podrás ir uniendo los puntos y adquirirás la habilidad necesaria para hacerlo cada vez más fluido, cada vez mejor. Pasa con todo en la vida. Ni hay atajos ni secretos. Quiero decir, si quieres ser un buen pianista, debes practicar mucho, como un loco; si quieres ser un buen baloncestista, lo mismo; si quieres ligar mucho, debes salir a practicar mucho... así con todo. No hay una sola habilidad que no necesite compromiso. ¿Cómo piensas lograrlo si no? Si no lo haces todos los días, eres un flojo y no mereces llegar. Es lo que hay.

Y si no lo haces todos los días porque te crees demasiado bueno y que no te hace falta, no te enteras de nada. Puede que seas mejor que muchos practicando menos, podrás tener más facilidad, pero ¿sabes lo que estás dejando de mejorar? ¿De avanzar? Además, de ser así no estarías honrando tus dones. La magia de la escritura que te concedieron los dioses. Debes escribir todos los días si pretendes ser escritor. Además, ahí fuera hay mucha gente dispuesta a escribir cada día. Y algunos de ellos podrían tener más talento que tú. Al final, prevalece el constante. El que tiene la determinación. Personalmente me parece de una justicia arrolladora. Debe ser así, el premio debe ser para el que lo hace todos los días, uno tras otro.

La segunda razón es porque éste es mi libro, entonces escribo lo que me parece. Y me parece que sólo escribiendo todos los días tienes una oportunidad.

2. Página en blanco

Te voy a decir una cosa que lo mismo suena muy mal, pero debo ser sincero: la página en blanco me parece una excusa muy de plañidera. *A ver, haber, haver*... es algo absolutamente normal no saber de qué vas a escribir, pero cómo reacciones ante eso marca la diferencia entre el niño y el adulto. Entre el profesional y el aficionado. Entre el escritor y el contable. Si te has propuesto escribir todos los días tres horas, o te has propuesto escribir todos los días 1.500 palabras, lo haces. No te levantas de la silla sin hacerlo. Debes sentir el orgullo de escribir.

Te cuento algo para poder verlo mejor. Una de las mayores mentiras, una de las mayores idioteces que le pueden decir a un ser humano cuando trata de ligar con una persona que le gusta realmente, es esa frase típica de: «Inténtalo, el "no" ya lo tienes». Los cojones. Eso es mentira. El «no» no lo tienes. Cuando no sabes si es «no» o es «sí», tienes la esperanza, tienes la ilusión, tienes el corazón soñando. Sin embargo, cuando tienes el «no», la certeza del rechazo, el corazón está en el charco, la humillación, la tristeza, la rotura del cristal del sueño. Es una barbaridad y una frase hecha de esas que se dicen sin pensar. Es un consejo demencial «el "no" ya lo tienes».

Vale, aclarado eso, ¿estoy diciendo que no lo intentes por si te dicen que no? Nunca diría eso. Lo que yo digo es que hay que apelar al orgullo en el sentido más grande, profundo e intenso de la palabra. Hay que apelar a la propia identidad. Esto significa que, mucho mejor que decir «el "no" ya lo tienes» es decir: «Es posible que te diga que no, y ese "no" no lo tienes, pues ahora tienes la esperanza y la ilusión. Y si te dice que no, dolerá. Dolerá mucho. Sin embargo, tienes que ir e intentarlo. Porque la recompensa de hacerlo, la idea de haber actuado con el coraje suficiente, el haberte enfrentado a ello, dará luz brillante e infinita en lo más profundo de ti. El saber que has actuado es la verdadera recompensa. Si llega el sí, será maravilloso y tendrás las dos cosas, el coraje y el orgullo de haberlo intentado y, además, el amor con el que sueñas. Y si te dice que no, tendrás el coraje y el orgullo, que es mucho más poderoso que el rechazo. Así que debes intentarlo no porque el "no" lo tengas asegurado, no te mientas. Debes intentarlo porque sólo por hacerlo, ya eres más grande, más fuerte, más valiente y una vez recompuesto del rechazo, tu autoestima será más alta, llegarás más lejos y al final, llegará. Todo llegará si actúas. Nunca lo hará si sólo sueñas. Sólo soñar lo puede hacer cualquiera. No seas cualquiera».

¿Y qué tiene que ver esto con escribir y con la página en blanco? Todo. Lo tiene que ver todo.

Si te sientas delante de la página y no viene nada, y miras el reloj y ha pasado hora y media, la única solución es escribir. Escribes cualquier cosa, cualquier palabra, puedes escribir lo que sea. «Mi boli se ha quedado sin tinta. Menos mal que no es mi pene.» Yo qué sé, lo primero que se te venga a la cabeza porque la cabeza nunca está en blanco, siempre hay movimiento ahí, escribe lo que sea. «Odio los tomates, prefiero las cebollas.» Lo que sea.

Si no te levantas de la silla, si escribes lo que sea, estás apelando a tu orgullo, a tu compromiso. Eres esa persona que fue a declararse a la otra aun sabiendo que ante el rechazo el dolor iba a ser grande pero el orgullo de la determinación le recompensaría tarde o temprano. Levantarse de la silla es como no intentarlo. Escribir duele, te dolerá muchas veces, ya sea por falta de inspiración o por todo lo contrario, por la sensación de que te abruma y si no sale todo, te vuelves loco. Está bien así. Así debe ser. Después de diez, veinte, treinta días escribiendo ese tipo de chorradas verás que acaban convirtiéndose en algo.

Muchas personas tienen una sensación de bloqueo porque han leído grandes obras y tienen esos comienzos fabulosos pegados como chicle a la suela de sus zapatos. Entonces se sientan en la página en blanco y se bloquean. Se hacen pequeños, porque cuando se sientan a escribir, en su cabeza están todas esas cosas fabulosas que han leído en otros. No encuentran nada brillante en ellos, ni una puta frase. Pero no importa, escribe lo que sea. Escribe cualquier cosa, todo llegará si perseveras. Todo llegará. No tengas miedo, no compites con nadie. La escritura es un acto solitario donde tratas de encajar tus piezas, no las de nadie más, es tu mundo, es tu vida, es tu historia. No tengas miedo. Escribe. Sólo lo harás grande si el miedo viene de no escribir, no de escribir. Y da igual lo que escribas, que se jodan todos los críticos y los culturetas y los que saben de literatura. Que se jodan todos. Tú escribes lo que tengas que escribir. Escribir es una conversación contigo mismo. Necesitas ponerlo ahí. Hazlo.

No existe la página en blanco, pues no existe la mente en blanco. Siempre hay algo rondando en tu cabeza. Escríbelo, aunque te parezca basura. Escribe.

3. Vive

Tienes que vivir. Un gran contador de historias, historias que además vendan, tiene que vivir. No puedes ser un espectador. No puedes ser un jarrón. Tienes que vivir, tienes que gozar, tienes que sufrir. No se escribe de oídas, se escribe desde la emoción de la vida. Esto vale para cualquier cosa. No me malinterpretes, no digo que saltes en paracaídas, ni que te recorras el mundo en un patinete del demonio con un perro y una tienda de campaña con frasecitas jipis del todo a cien. No es necesario hacer esas cosas si no te apetecen. A mí, personalmente, no me apetecen. Pero es necesario entender que hay que vivir.

Mira.

Mis abuelos fueron pobres como ratas gran parte de su vida. Recuerdo que mi abuelo me contaba que se iba andado hasta Madrid desde el pueblo donde vivían. Lo tenían que hacer algunas veces para solucionar algún trámite en la ciudad. Eran 25 kilómetros de ida y 25 kilómetros de vuelta. Eso me parecía un poco ciencia ficción. Yo crecí con autobuses que pasaban cada pocos minutos para ir de un lado a otro. Pero ellos no tenían dinero y tenían que caminar muchas horas. Formaba parte de una realidad que les había tocado vivir y que no se cuestionaban. Era gente dura.

Un día decidí ir desde ese mismo pueblo hasta Madrid andando y volver. Quería experimentar, quería vivir eso. Algo tan básico como andar y andar y andar. Tenía dieciséis años. Cuando llevaba 15 kilómetros andando pensé que no lo conseguiría. Pero no había posibilidad de vuelta atrás. Llegué a Madrid, me senté unos veinte minutos, no tomé nada (excepto el agua que llevaba para el viaje) y volví. Fueron unas diez horas casi seguidas andando, creo recordar. Jamás había hecho algo así... Me salieron ampollas en los pies y durante unos días apenas podía pisar. Tenía la entrepierna en carne viva. Me escocía. Me dolieron las piernas tres días seguidos. Pero lo viví. Algo tan básico como andar hasta que te salga humo de los cojones.

Éste es sólo un ejemplo básico, sencillo, de que las cosas no las tienes que leer ni te las tienen que contar. Las tienes que vivir. Las tienes que sentir. No todas las cosas (es absurdo pensar eso), pero sí tienes que experimentar por ti mismo, tienes que vivir. Si te fijas, la mayoría de las personas del marketing online son tremendamente aburridas por eso, porque parecen no haber vivido nada. Hablan todos igual, venden todos igual, parecen sentir todos igual, o sea, como si no sintieran nada. No, no caigas en eso. Tienes que vivir. Si no lo haces, tus palabras carecerán de la emoción necesaria.

Y vivir está al alcance de todos. Ya lo estás haciendo en este momento. Actúa, arriésgate. No te digo que vayas a otra de esas frases hechas de «vive cada día como si fuera el último», ¿pero qué chorrada es ésa? ¿Pero cómo vas a vivir así? Ésa es otra de esas frasecitas que quedan muy bien, que son muy chulas y que parece que son muy profundas, pero son una chorrada. Cualquier persona intensa que vi-

viera de verdad como si fuera el último día, no viviría ni dos días. No caigas en frases comunes y vive por ti mismo. Mucho mejor que vivir cada día como si fuera el último es vivir cada día como si fuera el mejor. La mayoría no lo serán, pero al menos, no serán el último.

4. Sé sincero

No debemos confundir ser sinceros con decir lo primero que se nos pasa por la cabeza. Eso no es ser sincero, eso es ser idiota. Hay que pensar en la medida de lo posible lo que decimos, pero con su correspondiente reflexión, debes ser tan sincero como puedas cuando escribes, porque la sinceridad es una herramienta fabulosa para la venta y la vida. Si yo me cruzo con un antiguo amigo y le digo: «Coño, cómo has engordado, te veo mucho más viejo», aunque lo piense de verdad, no estoy siendo sincero, estoy siendo gilipollas. La sinceridad es el compromiso con uno mismo a la hora de escribir. El no temer ser juzgado. O que si lo temes, escribas de todas formas.

Una vez estaba en un curso de ventas para ver si entraba en una empresa. Era una de esas empresas que parecen sectas, donde seleccionan a cincuenta pardillos y les hacen pasar por cursos que no sirven absolutamente de nada. Cursos para infelices y para borregos. Y en sitios así he estado yo más de una vez. Pues en uno de esos cursos nos preguntaron qué era lo peor que habíamos hecho durante los últimos seis meses. La gente iba respondiendo uno por uno. Con ataques de sinceridad tan grandes como «me he centrado mucho en mi trabajo y no me he ocupado de mi familia» o «me he preocupado tanto por mis amigos que me he olvidado de mí» o «soy tan cabezota que muchas veces no pienso en otra cosa que en el trabajo» o «soy tan perfeccionista que me cuesta delegar» o «a veces soy perezoso y me cuesta arrancar»... Vaya, parecía una reunión de santos todo aquello.

En mi caso, resulta que la noche anterior había salido y me había enrollado con una chica que trabajaba en un pub al que solía ir. Y yo... pues tenía una novia en ese momento. No iba muy bien, pero tenía novia, ésa es la verdad. No me siento orgulloso de aquello, pero dije: «Lo peor que he hecho estos seis últimos meses ha sido precisamente anoche. Le he puesto los cuernos a mi novia con una camarera con la que llevaba tonteando tres semanas». La sala se quedó en silencio, parecía un funeral. Nadie dijo nada. Una chica me miró y me sonrió, así que supuse que ella había sido infiel aquella noche o que quería algo conmigo. O ambas cosas. Para eso siempre he sido muy optimista, ya sabes. El caso es que siguió la ronda, pero ya cada confesión parecía más aburrida que la anterior.

Al acabar, el responsable de formación me dijo que no había superado la prueba y que no formaría parte de la empresa. Pero me llevé algo que me interesaba mucho más que un trabajo. Por un lado, una experiencia: debes ser sincero, cosa que me traigo a mis escritos. Y la segunda, que la chica de la sala que al confesar mi infidelidad me sonrió me dijo de tomar algo a la salida. Y follamos. Y follar es mejor que trabajar.

5. Muestra tu energía

Debes tener tu propia visión sobre las cosas, tu propia opinión. Los grandes pensadores, los verdaderos artistas, los científicos locos, en muchas ocasiones tuvieron que enfrentarse a la opinión de la masa, de la inmensa mayoría de la época que les tocara vivir. Casi todo lo que decían estaba mal visto o era criticado por muchos. Se jugaban el destierro o, incluso, la muerte. Siempre fue así a lo largo de la historia. Pero esa gente, esos visionarios, no se detuvieron. Pelearon, no se detuvieron. Nadie, cuando crea de verdad, debe estar pensando en complacer a nadie, ni siquiera a uno mismo. Debes pensar en tu creación, no en lo que pensarán de ella. Debes seguir trabajando sin tener en cuenta a los que están contigo o los que no. No eres un esclavo, debes escribir para ti mismo. Sólo así, sólo de esa forma, habrá posibilidad de perdurar. Si eres un esclavo, si lo haces pensando en lo que pensarán los demás, no llegarás donde realmente tuvieras que hacerlo. Ésa es la razón humana: avanzar y avanzar. La persona que piensa debe pensar por sí misma. La masa siempre está equivocada. No puedes encajonar tus razones o pensamientos en la opinión de la masa. El borrego sigue las opiniones de los demás sin pensar ni analizarlas por sí mismo.

Si vas a escribir, debes mostrar tu propia energía y no te quedará otra que pensar por ti mismo. Abrirte paso entre las tinieblas. Como escritor debes avanzar. El escritor construye y avanza, y el borrego, destruye. Puedes construir o destruir. Y si muestras tu propia energía, estarás creando algo. Hagas lo que hagas, que sea sin seguir a la masa amorfa. Sólo tienes que mirar la historia. Todos los horrores de la historia, absolutamente todos, son consecuencia de la masa amorfa que no piensa por sí misma. Por los pensamientos alienantes. Por gente sin alma. Debes huir de eso. Debes tener tu propia energía. ¿Eres un hombre? ¿Eres una mujer? Pues que se note escribiendo.

6. Tú tienes cosas que contar

Algo muy habitual es creer que no tenemos cosas que contar. Es algo de lo que hablo mucho a lo largo del libro y hay una gran noticia para ti, para mí, para todos. Sí tienes algo que contar. Absolutamente todas las personas tienen algo que contar. Sin excepción. Todas. Y no sólo eso, es que, además, es muy probable que no sólo tengas algo que contar, sino que además tengas la necesidad de hacerlo.

Tenía un amigo que montó un negocio para escribir biografías, algo parecido al que yo pensé en montar en su momento y nunca monté. Era impresionante la demanda que tenía. Mucha gente no quiere escribir su historia, pero la quiere ver escrita. Quiero decir, a mucha gente le da gran pereza tener que sentarse y escribir un libro, ya lo hablamos antes. Puede ser que piensen que no lo harán bien, que no es lo suyo, que es algo muy complicado, que nadie querrá leerlo, etcétera. Da igual, mucha gente piensa todo tipo de cosas al respecto, pero la realidad es que a la inmensa mayoría de la gente le gustaría ver su vida plasmada en un libro. Es algo que va con la naturaleza humana del deseo de inmortalidad. Para cuando tú seas cenizas, que eso que pasó, que esos caminos que recorriste, estén guardados en un tesoro, en un libro, en palabras mágicas. Es un deseo que nos hace sentir vivos, que nos hace sentir inmortales, que nos hace pensar en los que vienen y en nuestro legado. Por eso tanta gente quiere hacerlo.

Mi amigo estaba desbordado de trabajo. Apenas tuvo que invertir nada en publicidad, era todo el boca a boca. Se reunía con la gente, a veces con videollamadas y otras en persona. Hacía una entrevista de unas dos o tres horas con una grabadora. Les dejaba hablar y hablar y hablar. A la gente le encanta hablar de sí misma. Con eso construía biografías. Lo hacía para particulares y luego también lo hacía con algunas empresas.

Con esto sólo quiero dejar claro que todos tenemos algo que contar. Somos historias. No hay duda al respecto. Bueno, además de sólo querer dejar claro eso (que seguro ya conocías con certeza o al menos intuías), pues además también te lo dejo por si te da alguna idea de negocio. Podría darte algunas muy buenas ideas de negocio lo que hizo mi amigo. Por temas personales tuvo que dejarlo, pero la demanda era altísima e, insisto, sin invertir en publicidad. Todo el mundo tiene algo que contar y puede hacerlo. En el negocio de mi amigo había mucha gente mayor, mucha gente mucho más joven pero que quería contar algún evento importante en su vida...

Somos historias. Sólo eso. Todo eso.

7. Dos razones

Algo que toda persona que escribe debe saber, que escribe lo que sea, da igual que sean libros, artículos, anuncios, e-mails, cartas de ventas... es que la gente sólo lee por dos razones. No por quinientas ni por una razón. Por dos razones.

La primera es que lee por entretenerse. Tan sencillo como eso. Ya está. Busca un rato de diversión, de ocio, un pasatiempo, algo de humor, de aventura. En definitiva, lee por entretenerse.

La segunda razón por la que la gente lee es por aprender algo de la vida. Leemos para averiguar cosas, para descifrar una nueva profesión, para conocer algún caso que nos inspire... En definitiva, para aprender cosas de la vida o simplemente, para aprender a hacer algo que nos sea útil.

Es importante tener esto claro porque muchas veces, dando formaciones sobre escritura persuasiva (copywriting), me he encontrado que muchas personas tienen muchas teorías sobre la razón por la que una persona debería leer nuestros e-mails o nuestras páginas de ventas o lo que sea. Y el motivo es realmente muy sencillo, forma parte de la naturaleza humana. Sólo leemos por entretenernos o por aprender algo. A esto se reduce todo. Los seres humanos tenemos tendencia a complicar mucho las cosas. Lo hacemos con nuestra vida personal y con nuestra vida profesional. No podemos evitarlo. Si tú eres capaz de hacerlo sencillo, de evitar todas esas complicaciones, ya habrás hecho mucho más y mucho más efectivo que la mayoría. Por eso es fundamental entender esto. O leen para entretenerse o leen para aprender algo. Creo que es una gran noticia para ti. Sólo les tienes que entretener o enseñar algo. Y si haces ambas cosas, pues mejor. No pretendas caminar sobre las aguas, no levites. Entretenimiento o aprendizaje. Ya está.

8. Anota todo

Algo que siempre debes hacer es anotarlo todo. Todo lo que se te ocurra que pueda resultar relevante. Es algo que me acostumbré a hacer y forma parte de mi trabajo y, sin duda, te recomiendo que lo incorpores a tu vida si quieres dar lo mejor. Por muy buena memoria que tengas, si te viene una buena idea, un buen ángulo, una gran frase, un comienzo o un final que realmente te motiva, tienes que atraparlo. En ningún caso puedes dejarlo pasar o pretender tenerlo en la memoria. Pasará. La mayoría de las veces se te olvidará. Quizá te resulte complicado ir con una libreta y un boli por la vida, pero seguro que te resulta muy sencillo ir con una pequeña grabadora o el propio teléfono móvil.

Si sales a pasear, sin música, sin distracciones, sólo a pasear y lo tomas como un hábito, podrás comprobar cómo se te van ocurriendo cada vez mejores ideas, que vas uniendo puntos con más facilidad. En esos momentos debes estar preparado para anotarlos todos. Ya sabes que un escritor tiene que pasear mucho y no pasar demasiado tiempo escribiendo (como decía el gran David Ogilvy). Cada cual verá cuánto es demasiado, pero tiene que pasear, vivir y luego, escribir. Lo mejor que tiene vivir de escribir es que estás todo el día trabajando. Nunca dejas de trabajar porque absolutamente todo lo que ves y sientes lo puedes convertir en textos. Todo. Como ya he comentado, parte de mi rutina de trabajo es pasear un par de horas al día. No es ninguna broma. Es así. Y si voy más lejos me doy cuenta de que todo, absolutamente todo lo que vivo, forma parte de mi trabajo. No hay nada que no puedas escribir. Y en mi opinión no solicitada de hoy es algo grandioso, porque siempre he considerado que las vacaciones son para los esclavos. Desde chaval he pensado eso, lo sentí en mis primeras vacaciones.

La primera vez que tuve vacaciones pagadas trabajaba en un desguace. Me correspondía una semana. Al principio me sorprendió muchísimo cobrar por no trabajar. Tenía apenas dieciséis años y me resultaba extraño y fascinante que me pagaran lo mismo por ir a trabajar que por tocarme los cojones en los billares del barrio. Lógicamente, para un descerebrado como era yo a esa edad fue una gran alegría. Las vacaciones. Sin embargo, el segundo día dejé de disfrutar. Sentí que era un esclavo. Como si fuera un perro al que le dan un paseo para que le dé el aire. Yo odiaba mi trabajo y la recompensa de unos días sin ir y a la vez cobrar, lejos de consolarme, me hacía sentir un imbécil. No trabajar hizo que odiara más mi trabajo que cuando trabajaba. Fue extraño. ¿Cómo podía ponerme contento porque alguien me dejara unos días de libertad pagada? Eso, inevitablemente, me llevaba a la conclusión de que todo ese subidón por las vacaciones se debía a que odiaba lo que hacía, era un pobre esclavo.

No te voy a venir con rollos profundos de que hagas con tu vida lo que te salga de las pelotas, que seas libre y bla, bla, bla. Sinceramente, la mayoría de la gente que veo haciendo y diciendo eso creo que no sabe muy bien lo que dice. Quizá por mi condición de tío de barrio considero que unos cuantos trabajos jodidos son buenos para un hombre. Trabajos jodidos de verdad. Trabajos mucho más duros que hora y media en el gimnasio. Trabajos donde luego no hay insomnio de la paliza que te has dado. Personalmente, estoy seguro de que me vino muy bien. Que me ayudó a crecer, que me hizo más fuerte y con una mentalidad mucho más firme a la hora de gestionar la presión de los negocios.

Entonces no te puedo venir con cuentos de «sé libre» y todo eso. Tú verás qué es la libertad, tú verás lo que es triunfar. Para mí el éxito es no distinguir el martes del sábado ni el viernes del lunes. Para mí el éxito es trabajar todos los días. Para mí el éxito es no tener vacaciones. Para mí el éxito es haber encontrado todo eso. Para mí el éxito es conectar, no desconectar. Desconectar es apagar la máquina, es la muerte. Yo quiero estar conectado, vivo. Puede que para ti la libertad sea recibir una paga del Estado. Si fuera así, tengo mis dudas de que sepas deletrear tu nombre, pero bueno, puede que sea ése tu concepto de éxito o de libertad.

En este punto de «Los diez tocamientos para ser escritor» sólo se me ocurre sugerirte una cosa: si quieres vivir a lo grande de escribir y tener la inmensa suerte de trabajar todos los días, anota todo lo que te parezca interesante. Cada idea. Cada detalle. Haz eso y no te puedo garantizar que vivas de escribir, pero desde luego si no lo haces, si no anotas las ideas, si no estás atento, si no MIRAS, sí te garantizo que no lo harás.

9. No leas

Mira. No te digo que no leas, leer es acojonante, pero sí diré algo que, posiblemente, suene a pecado para muchos. No estoy en nada de acuerdo, en nada, con la opinión de (hasta donde yo sé) todos los escritores, algunos magistrales a los que respeto muchísimo, de que hay que leer mucho para ser un gran escritor. Algunos como mi admirado Alan Moore van más lejos y dicen que sólo podrás ser tan buen escritor como buen lector seas. No lo veo para nada. Es mucho más importante vivir que leer. Y, repito, no digo que leer sea malo, jamás diría semejante idiotez. Pero sí digo que para contar grandes historias no es cierto que tengas que ser un gran lector.

He conocido muchos casos de gente que contaba enormes historias, que hacía un storytelling fascinante y que eran medio analfabetos. Mucha gente de pueblo, de la generación de mis abuelos. Lo he visto con mis propios ojos. Y además te puedo poner montones de ejemplos. Si a ti mañana te dan un navajazo, ¿necesitas leer mucho para poder contarlo? Nah... tonterías. O vas por la calle y te encuentras gente que cuenta chistes buenísimos, que son como microhistorias y lo mismo no han leído un libro en su vida. No me malinterpretes, lee, lee si te gusta, por supuesto que sí, pero puedes contar grandes historias con tu propia personalidad sin ser un gran lector. Como te digo, lo he visto muchas veces, muchas.

Para ser escritor sólo tienes que saber contar una historia. Y eso es algo que puede hacer todo el mundo. Los niños, desde muy pequeños, se pasan el día contando historias. Las madres se pasan el día contando historias a sus hijos, yo me pasé contando historias a mi hija los primeros años de su vida, una tras otra. Y, como te decía, si te dan un navajazo no necesitas haber leído un libro para contarlo, o si eres testigo de un robo en el supermercado, no necesitas leer nada para escribir eso. No te pongas esas barreras, no te creas menos. No necesitas ser un lector voraz con miles y miles de títulos en tu biblioteca, basta con que sepas contar una historia y para eso tienes este libro. Si te gusta leer, cojonudo, es de lo mejor en lo que puedes invertir tu tiempo, pero no te creas que por leer muchos libros te vas a convertir en un gran escritor, en alguien capaz de enganchar y de emocionar. Si eso fuera así, la inmensa mayoría de los críticos pedantes serían grandes escritores y la mayoría de ellos no saben ni escribir la lista de la compra.

10. Hazlo por dinero

Los grandes escritores, los mediocres, los que repiten como loros sin pensar, los críticos literarios, los libreros... todos ellos me querrían lanzar al mar por decir lo que voy a decir. Posiblemente, hasta mi admiradísimo Charles Bukowski me querría lanzar al mar por lo que voy a decir. Debes escribir por la fama, por la gloria. Debes escribir por el dinero. Debes escribir para ganar dinero y para follar.

Lógicamente, debes tener la necesidad de contarlo. Debes NECESITAR escribir. Para mí, personalmente, escribir no es ningún divertimento, aunque me encante hacerlo. Lo hago por necesidad. Necesito hacerlo. Pero no seré hipócrita, desde que era un adolescente soñaba con vender miles de libros, con ganar mucho dinero escribiendo, con poder follar con muchas mujeres gracias a ello, con ser popular, con ser reconocido. Siempre tuve clara una obsesión: tenía que vender.

Tenía que vender.

Y no se me ocurre mejor forma de vender lo que escribo que escribiendo. Así que nunca me pondría tan profundo con nadie, posiblemente porque no lo soy, porque sólo soy un tío de barrio que supo apartar la vista de las heridas a tiempo para seguir viviendo. Posiblemente sea eso, pero yo siempre te recomendaré que pienses en la gloria, que lo sueñes, que quieras ganar dinero, notoriedad, fama, inmortalidad. Que sueñes con fans que te escriben a diario, que sueñes con cheques de varios ceros, que sueñes con viajar a otros países para hablar de tu trabajo, que sueñes con tías o con tíos o con rinocerontes con los que follar gracias a que lo has logrado. Has llegado donde muchos sólo sueñan. Siempre te diré que lo sueñes, siempre te diré que lo alimentes. Siempre. Y para que no quede sólo en un sueño, que escribas y escribas y escribas todos los días, que no desfallezcas. Sólo con eso, ya lo tienes todo. Así que sí, escribe por dinero, escribe por elevar tu paso por aquí. Porque si realmente no lo necesitas, si no necesitas escribir, no llegará nada de eso. Sólo puede ser si necesitas hacerlo. Sólo si lo fueras a hacer igual, si fueras a escribir igual aunque no fueras a ganar ni un céntimo. Eso es amor verdadero.

Una vez me preguntó un amigo que si no me preocupaba que se me acercara alguna mujer por dinero. Por mi supuesto dinero. Le dije que no, que me preocuparía que no se acercara por ese motivo. Nos reímos un rato, pero quedó algo desconcertado, así que le expliqué mi punto de vista, que además tiene mucho que ver con escribir:

—Mira. Cuando veo a un grupo de tíos criticando a alguna mujer joven y guapa por irse con algún rico, me parecen gilipollas perdidos. Suelen decir: «¿A que no estaría con ese feo si estuviera en paro?». Joder, vaya argumento de mierda. Pues claro que no. Es que si eres feo y eres pobre y eres un coñazo, ¿qué cojones puedes ofrecer? Ganar dinero es un estatus de gran proveedor. Hay algo que viaja en nuestros genes desde hace miles de años, que nos indica que un gran proveedor es un hombre atractivo. Puede gustarte o no, puedes considerarlo o no a título individual, pero es atractivo. Y eso lo dice la ciencia. Y también Marilyn Monroe que dijo: «Un hombre rico es como una mujer bonita, no te vas a casar con él sólo por eso, pero ayuda». Criticar a una mujer por sentirse atraída por el dinero de un hombre es un absurdo y de ser un pardillo. Es lógico que le atraiga. Es más, es lo más lógico del mundo. Es una señal de gran proveedor. Por tanto, a esos que critican a la mujer que se fija en el dinero les falta mundo y les falta dinero. Que te falte dinero tiene solución, que te falte mundo podría tenerla, pero si te falta cerebro, estás jodido. Dicho todo esto, si esa mujer que ve atractivo tu dinero, tu posición, sólo está contigo por eso pero en realidad le das asco... quiero decir, si le pareces repugnante y sólo es el dinero, entonces eso tiene un nombre, se llama prostituta. No hay problema, mientras todas las partes estén de acuerdo y al tanto. Pero si una mujer te quiere o le gustas mucho y si te quedaras sin dinero, seguiría ahí, ¿cuál es el problema de que le guste tu dinero? Deberíais disfrutar los dos a lo grande de ese dinero.

Bien.

Pues esto mismo opino de escribir. Si sólo escribes por dinero, si escribir te repugna y no lo necesitas, entonces no sólo eres un puto o una puta de la escritura, es que no hay mucho recorrido. No puedes llegar demasiado lejos porque no tienes la necesidad. No te arde el corazón si no lo haces. Si no necesitas poner orden en tu mundo escribiendo, entonces, no llegarás lejos. Pero amigo... si te arden el corazón y la entrepierna escribiendo, entonces sueña con ganar dinero. Sueña con la gloria. Sueña bestia.

12

El misterio está en las palabras

Ahora te voy a contar cuatro detalles, cuatro cosas que debes tener en cuenta a la hora de escribir. Y lo bueno que tienen estos cuatro detalles es que los tienes que tener en cuenta tanto si piensas escribir una biografía para regalársela a tu abuelo como si piensas escribir una carta de ventas para vender esos horribles patinetes eléctricos o si le piensas escribir una carta de amor a la chica de tus sueños, ¿vale? Esto sirve para todo. Para ganar dinero o para que te destrocen el corazón. Bueno, confiemos en que no te lo destrocen, que escribas una carta de amor tan buena que encuentre destino y gran final. Vale para todo.

¿Qué pasará después?

Bien.

Piensa una cosa: a ti, cuando lees, ¿qué es lo que te gusta? Es muy probable que estés imaginándote algún tipo de género, unas determinadas tramas. Puede que estés pensando en libros con fotografías y explicaciones sobre la naturaleza. Da igual, ¿qué es lo que te gusta cuando lees? ¿Qué te gusta sentir? ¿Qué te gusta aprender? ¿Qué te gusta pensar?

Ahora te voy a dar una respuesta universal. Una respuesta que te hará entenderlo todo. Una de las cuatro cosas que debes saber para que puedas enganchar a tu audiencia y venderles los odiosos patinetes eléctricos, o conquistar a la chica o, sencillamente, vender más libros, más servicios, que la gente pinche más en tus anuncios, etcétera. En definitiva, si quieres que te hagan caso cuando escribes, lo tienes muy fácil, debes tener clara esta pregunta: «¿Qué pasará después?».

Cuando estás contando una historia, debes llevar al lector, después de cada párrafo, después de cada frase, al deseo de responder esa pregunta. «¿Qué pasará después?» Ésa es la pregunta que se debe hacer. Debe querer seguir leyendo para saber qué cojones pasará. Si deja de preguntárselo, si deja de interesarse, adiós historia y adiós lector. Esto es así. Y pasa con todo.

Es más, uno de los trabajos que tenemos que hacer los copywriters cada vez que escribimos una carta de ventas es que la gente quiera ir deslizándose frase a frase justo hasta el botón donde debe comprar lo que sea que estás vendiendo. No nos tenemos que preocupar de lo que pasará a veinte líneas vista. Nos tenemos que preocupar exclusivamente de qué pasara en la siguiente. Cómo hacerlo para que el lector se deslice y quiera seguir leyendo. Ése es el trabajo de un buen copywriter.

Por supuesto, puedes tener una idea en la cabeza de cómo será tu historia, el principio y el final, eso lo puedes tener claro (o no, ojo), pero algo que no puedes descuidar nunca es la pregunta de «¿qué pasará después?». Eso es lo que hace que la gente siga leyendo. Da igual el género que te guste, los estilos, más o menos personajes, todo eso da igual. Si logras que inconscientemente se estén preguntando qué pasará después, vas por el camino correcto. Ten esta pregunta muy presente.

¿Crees que no he cambiado?

Otra cosa que debes tener muy en cuenta es que los personajes que aparezcan en tus escritos (tengo que reiterar que esto es igual de válido para la venta que para escribir una novela) deben cambiar. Deben ir cambiando. Es imprescindible que los personajes vayan aprendiendo cosas, que el lector se pueda sentir identificado. Y, por supuesto, no tiene que ser un cambio a mejor, puede ser a peor, pero tiene que haberlo, los personajes tienen que estar vivos. Es más, todos hemos aprendido cosas de nosotros mismos leyendo algo, de ese movimiento que nos acompañó en la lectura y nos ayudó a conocernos mejor.

Para que te hagas una idea, llevo escribiendo un e-mail diario a toda mi lista de suscriptores desde el año 2017. Todos los días, sin fallar uno. ¿Crees que no he cambiado en este tiempo? Claro que lo he hecho. Y los lectores van cambiando también. Deja que los personajes, que tus personajes, evolucionen. Deja que absorban tu frustración, tu euforia, tu indignación, deja que sientan cosas. Eso lo hace más entretenido. Es una manera sencilla de humanizarlos. Mi vida ha cambiado mucho y las cosas que cuento, también. Miles de personas que leen mis e-mails desde hace años me hacen comentarios sobre todas esas transformaciones. Eso es bueno para la venta. No digo que cambies de opinión ni marees a la gente cada 48 horas. Digo que evoluciones.

¿Y sabes cómo hacerlo de una forma muy efectiva? Poniendo a tus personajes a interactuar con otros personajes. Cuando hablo de tus personajes, tu personaje puedes ser tú mismo o puede ser un cliente al que le das el protagonismo en un e-mail. Puede ser cualquier cosa. En todo caso, cuando lo pones a interactuar es mucho más sencillo que la gente empatice con tu personaje. En mis historias hablo de mis padres, de fans que vienen a conocerme, de *haters*, de personajes fascinantes que conozco... Cuando quieras que la gente empatice con lo que estás escribiendo, recuerda esto. Que hablen con el panadero, que tengan un desencanto amoroso con su vecino, lo que sea, lo que toque. Es una vía rápida de mostrar personajes vivos y que van evolucionando. Deja que vivan. Pero que vivan de verdad, con tus historias.

La mayoría de la gente está perdiendo el tiempo en redes sociales. Subiendo fotos de sus vacaciones y todas esas chorradas. O de donde cenan o pasean. Eso no tiene misterio, eso vulgariza. Como cuando sale alguien conocido y dice que necesita compartir algún disgusto que tiene por vete tú a saber qué con sus seguidores, por si alguno se siente identificado y le puede ayudar. Todo eso es una puta mentira. Desahógate con tus amigos de verdad, con tu familia, si lo haces en redes sociales ante miles de desconocidos, no lo haces por ellos, lo haces porque eres una plañidera y un coñazo. Todo el mundo está haciendo lo mismo, están aburridos. Son personas aburridas con necesidad de aprobación dirigiéndose a gente todavía más aburrida que ellos. Eso son muchos de los influyentes y sus seguidores.

El misterio está en las palabras. Escribe. Cuando tú escribes algo, estás dejando que la otra persona pueda imaginarlo a su manera. Sentirlo a su manera. Le da un millón de vueltas a casi todas las fotos del mundo. Es el poder de las historias. Sólo alguien que lo haya visto desde dentro puede entender la dimensión de todo esto. No pierdas el tiempo poniendo muecas de tarado en redes sociales y escribe historias. Cartas de ventas de cinco mil palabras venden infinitamente más que fotos de influyentes sujetando un libro o un perfume delante de medio millón de seguidores. Además que todas esas métricas son falsas, pero de eso hablaremos en otro momento, no me quiero desviar. Lo importante es saber que si tú llenas tus perfiles de redes sociales de fotos cenando por ahí o dando paseítos en los malditos patinetes eléctricos pareces un idiota al que le faltó cariño desde niño.

El misterio está en las palabras y el misterio es muy bueno para la venta. No lo olvides.

¿Cuál es la diferencia?

El tercer detalle.

Éste es muy importante porque lo veo mucho por ahí, en muchos e-mails, en muchos anuncios, en fin, que es un fallo importante. No hay que confundir el símil con la metáfora. No lo hagas. El impacto de una cosa u otra es diferente. La metáfora es una herramienta extraordinaria para dibujar en la mente de la gente, pero no es lo mismo que el símil. ¿Cuál es la diferencia? Muy fácil, veamos algunos ejemplos:

> Símil: Víctor era como un toro.
>
> Metáfora: Víctor era un toro.

> Símil: Marina era como un terremoto.
>
> Metáfora: Marina era un terremoto.

> Símil: Isra Bravo es como un dios del sexo.
>
> Metáfora: Isra Bravo es un dios del sexo.

Se entiende, ¿no?

Aclarado esto, ¿qué puedes hacer o incluir en tus textos para que resulten mucho más persuasivos?

Una vez estaba en Almería y entré en un bar para tomar algo. Hacía calor y la ropa se quedaba pegada al cuerpo como avispas echando un polvo. Era un bar de pescadores. Se notaba por su piel muy oscura y ajada. Eran gente de mar. Eso se nota, aunque te hayas criado en un lugar donde el mar no se ve ni en las postales. Además, no se les entendía bien al hablar. Era algo muy curioso, como si tanto tiempo en alta mar, pasando el tiempo sólo entre ellos, les hubiera dado para desarrollar su propio lenguaje. Y aunque hablaran en español, sólo podías entender palabras sueltas y darle forma en todo el contexto para poder entenderlos bien.

Así que me senté allí con mi camiseta pegada al cuerpo, justo debajo de un ventilador de hélices que movía el aire caliente despacio, sin prisa, tal como parecía que transcurría todo en ese lugar. La gente se movía despacio... respirar despacio, sentir despacio. Me pedí una cerveza. Me miraron extrañados, poco habituados a forasteros, pero no eran miradas hostiles, sólo eran «miradas» despacio, cansadas y con una curiosidad que se hubiera solventado con un «vengo de Parla y me he venido aquí para no mamarla». Entonces supongo que hubieran asentido y ya se hubiera acabado toda la curiosidad sobre mí. Habrían pensado: «Este idiota viene de Parla y no quiere mamarla. Sigamos con nuestros asuntos». Los dos tipos que tenía al lado hablaban raro, como todos en ese bar. Pero adiviné lo que dijo uno de ellos:

—Si quieres pasar desapercibido, no hay nada mejor que navegar en la noche sin encender las luces. Yo lo hago siempre que puedo.

Esto, a simple vista, puede no decirte mucho, pero si miras con atención, verás que sí dice mucho. Rápidamente recordé algo que explicó en su día Gary Bencivenga para enseñar a vender con metáforas, con ejemplos de grandes personalidades como el mismo Ogilvy o Warren Buffett. Nos habló de lo siguiente:

David Ogilvy, uno de los mejores redactores publicitarios de siempre, comentó:

> —Piensa que eres un importante ejecutivo de una agencia de marketing y le dices a tu audiencia: «Tenemos que tener ideas que impacten a nuestro consumidor y bla, bla, bla».

¿Qué hizo entonces?:

> —Damas y caballeros, a no ser que su publicidad se base en una gran idea, será un barco sin luces navegando en la noche.

Al instante, su audiencia lo tuvo claro: «¡No, no podemos ser un barco sin luces en la noche!».

Es muy bueno.

Esa imagen nos dice claramente cómo debemos mostrar las ideas a nuestros clientes para vender. La metáfora es muy persuasiva y un arma muy poderosa para entrar en la cabeza de tu potencial cliente. La metáfora se adentra en nuestras cabezas como ninguna otra cosa. Da la gran VISIÓN. Ya lo dijo Aristóteles hablando del arte de la persuasión: «Lo más importante, de lejos, es ser un maestro de la metáfora». Eso no ha cambiado nada. No puedes dejar de utilizarla en tus textos de ventas. O en tus textos en general. Es la llave clave. Con una buena metáfora transfieres al instante las cualidades que tiene lo que sea que vendas o quieras transmitir. Saber hacer eso te hará mucho más persuasivo y por tanto te irá mucho mejor, lógicamente.

Si yo quiero vender una formación para que puedas ganarte la vida desde casa haciendo cualquier cosa, da igual lo que sea, podría utilizar la metáfora diciendo algo tipo:

> No serás rico antes de la medianoche. Nada de pilotos automáticos, ingresos pasivos o vagos, ni para que repliques lo que hace mi primo. Es para gente con un cerebro en propiedad y no en alquiler.

Esto es mucho más persuasivo y se transmite mucho mejor la información de esta forma, con esa sola frase, que contándote que «mi curso es diferente y no son plantillas ni falsas promesas de riqueza rápida» y utilizando mil quinientas palabras para explicarte por qué haciendo mi curso podrás vivir muy bien desde tu casa.

Vamos a ver otro ejemplo muy bueno de cómo utilizar la metáfora en un mercado tan complicado como el financiero y de inversión. Imagina que estás pensando en empezar a poner pequeñas cantidades de dinero en algún fondo de inversión, plan de pensiones o lo que sea. Podrías empezar a hablar sobre números, gráficas, revalorizaciones pasadas, previsiones, tantos por ciento... En fin, podrías dar sueño o... podrías decir lo que el inversor Warren Buffett dijo para vender sus fondos con una simple metáfora: «Alguien está sentado a la sombra hoy porque alguien plantó un árbol hace mucho tiempo».

¿Ves el increíble poder persuasivo que tiene la metáfora? Nunca dejes de utilizarla, que la corrección política no destruya tus ventas. Sé humano, usa la metáfora. Hace magia por lo rápido y eficaz que transmitimos aquello que queremos transmitir. Hay metáforas por todas partes. No utilizarlas es tener la cartera llena de agujeros e ir perdiendo dinero. Por cierto, las películas son una fuente inagotable de metáforas que descubrir y harán que escribas con mucha más eficacia. Te recomiendo ver muchas películas y que, además de meter la mano viciosa bajo la manta, te quedes con las metáforas y las utilices.

Ahora, ¿quieres saber qué mata tus ventas o tus cuentos o lo que sea que pretendas hacer mientras escribes? Precisamente, el mal uso de esta gran arma de persuasión. Uno de los errores más habituales es abusar de la metáfora. Si abusas de ella pierdes credibilidad de manera automática y el interés por la lectura baja sin remedio. Es que además es muy aburrido y puede llegar a ser abrumador. No es buena idea. Además, nos lleva a situaciones absurdas. La razón es sencilla, como bien lo explica Patricia T. O'Conner en su libro *Woe Is I*: «Si has escuchado que mezclar metáforas no es prudente, la razón es sencilla: las imágenes que compiten se ahogan mutuamente. Algunas personas abusan tanto de las metáforas que no pueden resistirse a usarlas por pares. Eso sólo funciona si las imágenes no chocan. "Frieda vio en su matrimonio un barco seguro, pero Lorenzo estaba planeando un motín." Esa metáfora doble funciona porque ambas tienen una idea común (navegación) y se combinan en una sola imagen. Pero generalmente cuando aparecen dos metáforas juntas no son compatibles».

He visto páginas de ventas vendiendo servicios que han abusado tanto de la metáfora que, sólo con cuidar ese detalle, venderían bastante más. Sólo por eso. La mejor manera de evitarlo es nunca poner una metáfora frente a otra. Para entendernos, si yo digo «Isra es un dios del sexo, un gigantesco oso negro, un tiburón blanco amenazante y dominante», pues no funciona. Estoy abusando de la metáfora. Aunque todo lo que diga pueda ser verdad, ojo, estás abusando de la metáfora y pierde todo su efecto porque una imagen se pega con la otra y se jode todo. No debes crear muchas imágenes, debes crear una sola, que sea poderosa y ceñirte a ella. O dos como te comentaba en el ejemplo de antes, el de Frieda.

Pero algo que no debes olvidar de esta parte del libro... Isra Bravo es un dios del sexo.

Dilexcico

No puedo acabar este capítulo sin decirte algo que marca mucho la diferencia. Es algo que no admite discusión. Te sitúo rápidamente:

Cuando yo empecé en el año 2017, observé el mercado del marketing digital, de los copywriters, y todos ellos, todos los que yo veía, decían las mismas cosas. Sin lugar a duda, decir lo mismo de la misma forma que los demás es un negocio ruinoso. Pero lo que más me llamaba la atención no era eso, era que se suponía que eran copywriters y, en vez de hacerme sentir las cosas, me las describían.

Una de las ideas que más repetían todos eran frases tipo: «Enamora a tus clientes con el poder de las palabras». Mira, esto es una chorrada y no se puede decir. No lo tienes que describir, lo tienes que hacer sentir. Entonces yo lo único que hice fue señalar eso, burlarme de eso y hacer sentir las cosas. Hacer sentir las cosas no significa que sean cosas agradables o positivas. A mí, causar profundo rechazo me parece tan importante como gustar. Dar asco y que algunas personas me odien me parece muy estimulante y reconfortante. Algunas personas creen que ofenden cuando insultan o tratan de despreciar. Desde luego no será a mí, que me causa placer y lo veo un signo de honor y de hacer bien las cosas.

Aclarado todo esto, vamos a ver con ejemplos la diferencia entre hacer sentir o describirlo. Esto lo puedes aplicar a todos los personajes que lo requieran. Ya seas tú mismo o los demás.

En la introducción de mi primer libro, *Escribo porque me gusta ganar dinero*, hablo de un día que estaba en clase con apenas ocho años. Ese día estábamos escribiendo un cuento entre todos. Íbamos saliendo a la pizarra y teníamos que continuar lo que hubiera puesto el compañero anterior. Eso molaba mucho, claro. Yo era un crío *dilexcico* que no se enteraba de nada. Entonces doña Elena, la profesora, al llegar mi turno, me dijo que yo no saliera, que no sabía escribir y no se me entendía nada. Puta.

Bien. Cuando pasa eso, yo en esa introducción escribo esto:

> Aquello que me dijo doña Elena golpeó algo profundo dentro de mí. Si alguien de la clase se rio o no, la verdad es que no lo pude saber, porque cuando pronunció aquellas palabras se hizo un silencio en mí, un vacío absoluto.

Yo podría haber dicho que cuando doña Elena dijo eso me sentí triste o abrumado o enrabietado o cualquier cosa de esas. Lo podría haber descrito, pero lo que pretendía sin pretenderlo, lo que me nace, lo que te tiene que nacer, es hacerlo sentir. Recuperar esas sensaciones y hacerlas sentir al lector. Que le provoque algo, aunque sea rechazo. Debe suceder.

Después, seguía así:

> Al sentarme empecé a sentirme los latidos del corazón y me gustó la sensación. Me sentí a salvo. Cuando no te sientes el corazón es porque está tirado en el charco. Y si lo tienes ahí, cualquier idiota podría pisotearlo al pasar. Pero yo lo sentí dentro, y sentí que todo saldría bien.

Yo podría haber puesto esto que te acabo de escribir o podría haber dicho: «Al sentarme ya me sentí mejor. Más tranquilo». No lo puedes comparar. Tienes que hacerlo sentir. Necesitas que el lector lo sienta. No se lo describas.

Esto lo puedes hacer con algo de lo que seas protagonista, como en el ejemplo anterior, o lo puedes hacer perfectamente con otra persona. Lo podemos ver en este mismo libro cuando hablé de Susana en el capítulo 1, donde la madre la humilla delante de sus compañeros y dice que han tenido que poner un candado a la nevera para que no la asaltara por las noches y se lo comiera todo. Susana era una niña gordita. Eso no se puede hacer, en la vida. El párrafo donde te lo pretendía hacer sentir decía así:

> Miré a Susana y pude sentirlo... pude sentirlo. Yo también noté el ardor en las orejas, la ausencia del aire, los pinchazos en el pecho, la soledad, el vacío. Yo también quise esconderme en una cueva y no tener que ver a esos niños nunca más, no tener que volver a escuchar esas risas, ni la metralla de aquella frase dentro de ella, dentro de mí. Al mirarla pude sentir todo eso. Pude sentir el golpe, la decepción, la desesperación. Se le empañaron los ojos, a mí también. Por primera vez en mi vida tuve un nítido instinto asesino. Si hubiera podido apretar un botón, habría matado a su madre. Pero no había botón. Sólo una niña destrozada y humillada por quien tenía obligación de protegerla y hacerla fuerte. Un vulgar animal, eso era su madre.
>
> En medio de aquel destrozo, de ese bosque arrasado, aparecieron las madres de los demás. Cada uno se fue por su lado. Yo observaba a Susana.

> Caminaba con sus ojos achinados mirando el suelo. Era una tarde gris que nunca olvidaremos, ni ella, ni yo.

Si me hubiera limitado a decir: «Susana lo pasó muy mal ante el exabrupto de su madre...». Bah, tío, jódete. «Lo pasó muy mal ante el exabrupto de su madre.» No, no y no. Hay que esforzarse más, hay que ir al límite y debemos hacerlo sentir. Hazlo con tu estilo, en caso de que lo tengas. Hazlo como quieras hacerlo, da igual que seas mejor o peor escribiendo, hazlo sentir, debes esforzarte en eso para darle sentido. Debes hacerlo. Para que el lector te acompañe y sienta contigo y tus personajes. No le digas al lector cómo se siente el personaje o el sentimiento que inunda un pasaje. Debes hacérselo sentir. Esto hará que la conexión con la gente sea mucho más intensa. ¿Sabes la cantidad de gente que me ha escrito para decirme que se sienten como yo «en la cocina de azulejos amarillos»? En ese pasaje de mi primer libro no digo que estoy desesperado y abrumado, sino que trato de hacerlo sentir, describiendo con detalles cómo era aquella cocina y cómo el techo se me caía a trozos encima, en silencio. Por eso tanta gente lo sintió conmigo. Por eso tanta gente me sigue escribiendo y me dice «ahora soy yo quien está en esa cocina».

Por supuesto, esto lo puedes aplicar a personajes y todo tipo de situaciones. Por ejemplo, imagina que llegas a tu casa y tu marido te da una noticia totalmente inesperada que cambia tu vida. Eso te impacta mucho. Entonces, si haces el vago y el mediocre dirás: «Escuchar a mi marido decir eso me impactó mucho». Uf, ahí sólo se lo estás describiendo, no le estás haciendo sentir. ¿Cómo se lo podrías hacer sentir en una situación así? Pues diciendo algo tipo: «De adolescente, antes del atropello, durante dos segundos sentí el terror de ver venir ese autobús hacía mí y saber que se acababa todo. Nunca había vuelto a tener esa sensación hasta que escuché a mi marido contarme aquello». Así, sí. Si dices simplemente que te impactó mucho, no involucras en profundidad al lector, no te puede acompañar con interés y con fuerza y con ganas. Si le dices lo otro, puede sentirlo más propio, más dentro, puede tener una emoción mayor y, con ello, disfrutar y sentir más la lectura.

Éstas son las cuatro cosas que quería mostrarte en este capítulo:

1. Que tengas claro que, escribas lo que escribas y para quien lo escribas, lo mejor que puedes hacer es que la gente tenga en el subconsciente la pregunta: ¿Qué pasará después?
2. La segunda es dejar que los personajes evolucionen, que vivan. Tal como pasa en nuestras vidas, deja que cambien y, cuando toque, los debes mezclar con otros personajes.
3. La tercera es utilizar bien la metáfora: «Isra Bravo es...».
4. Y la cuarta y última es que debes hacerlo sentir, no describas cómo de triste se siente un personaje, cómo de angustiosa es una situación. Debes hacerlo sentir, debes esforzarte y transmitir las emociones a través del viaje mágico de las palabras. Es tu compromiso a la hora de escribir.

13

Montoya, no huyas

Algo que siempre debemos tener presente cuando queremos escribir una historia que venda, una historia que entretenga o ambas cosas (recuerda, si aburres, no vendes) es que debe haber un conflicto. Mejor dicho, tiene que haber una intención, tiene que haber un obstáculo (o varios, claro) y tiene que haber conflicto. Esto es algo que siempre, siempre, debemos tener presente. En este capítulo te quiero mostrar cómo aterrizarlo a los negocios, por supuesto, a lo que sea que vendas.

Si te fijas en la inmensa mayoría de las webs, en la mayoría de los correos electrónicos, las historias son tremendamente aburridas. No enganchan, no invitan a seguir leyendo. Es que, en ocasiones, no hay ni historias. Son simples líneas de aburridas características en muchos casos. Y es porque faltan buenos ingredientes. No es porque no tengan nada que contar, es porque lo cuentan mal. Quiero decir, no hay ningún problema con tu historia, sea cual sea. Simplemente están contadas de forma aburrida. Ya está. Ahora vas a entender todo esto mucho mejor.

A ver, que tú tengas dos másteres de postgrado o veinticinco, pues no es muy interesante por sí mismo. Quizá esto pueda parecer muy cruel para algunos, pero es que es así. Depende de cómo lo cuentes que esto enganche o no enganche. Por eso es importante fijarse en qué o quién tiene éxito y no atribuirlo a la suerte, porque detrás del éxito, hay razones. Hay unas razones por las que algunas personas enganchan a otras personas. Y con este capítulo quiero ver qué otras cosas podemos hacer para enganchar a los demás.

Piensa por un momento que quieres contar que has recorrido el mundo en un odioso patinete eléctrico. Con tu casco y todo. Que un día te pusiste ropa muy cómoda y fuiste a conquistar el mundo con tu patinete. No puedes contarlo como que diste paseos largos y parabas a poner energía a la batería o gasolina o lo que lleven esos bichos, y que una vez te encontraste a otros *patineteros* y os tomasteis una cerveza *patinetera* sin alcohol. Eso no sirve. No engancha. Lo primero de todo es que tienes que darle una intención.

¿Y qué es la intención? La intención es lo que quieres.

Si tú vas a recorrer el mundo en patinete eléctrico, pues a lo mejor es porque vas a buscar a tu madre que te abandonó (normal, si sabía que ibas a acabar dando vueltas en patinete). O vas a por una piedra mágica que hará que no se sequen los mares. Da igual que sea ficción o que sea realidad. Lo importante es que debes tener una intención. Puede ser algo mucho menos espiritual, puede ser una apuesta con amigos. Que hiciste una promesa a tu perro o que quieres batir un récord.

Por ejemplo, algo que he contado muchas veces y que podría valer para definir mi intención. ¿Qué intención tengo al montar mi negocio? Evidentemente quiero ganar dinero. Pero algo que rondaba constantemente en mi cabeza era que mi hija iba a necesitar un aparato de dientes. Cuando a mí me rondaba eso por la cabeza, mi hija ni siquiera tenía dientes. Pero estaba convencido de que lo necesitaría. Tenía el convencimiento absoluto de que iba a necesitar un aparato y que yo no tenía el dinero para eso. Lógicamente, era algo que me avergonzaba como padre, el no poder pagárselo. Con este ejemplo sólo te quiero mostrar que las intenciones pueden ser cosas muy sencillas, no te creas que son algo complicado.

El obstáculo es simplemente lo que se interpone en tu camino para conseguir esa intención que tienes. El obstáculo sí que tiene que ser algo con fuerza, el obstáculo no puede ser que tu patinete eléctrico no subió una pendiente del 15 por ciento y un tramo lo tuviste que hacer andando. Eso no es suficiente para que el lector lea con emoción. Por tanto, insisto:

- **La intención.** Alguien se recorre el mundo para llegar a un lugar muy apartado porque allí hay un antídoto para luchar contra la enfermedad de su gato Pochi. (A ver, esto es broma, pero es para que me entiendas: su intención es salvar de una muerte segura a su gato Pochi y por eso se recorre el mundo en patinete.)
- **El obstáculo.** Hay cosas que van retrasando la llegada para salvar a Pochi, y Pochi podría morir en cualquier momento. Pueden ser huracanes, alguien que te roba tu superpatinete eléctrico, que te quiten la ropa al llegar a una nueva ciudad y tengas que asaltar una gasolinera... En fin, ésos son los obstáculos.

Y cuando hay intención y obstáculo, la historia es interesante automáticamente. Sin intención y sin obstáculo, ¿cómo lo piensas conseguir? Si introduces estos elementos, podrás enganchar al lector, pues este tipo de elementos crean fricción y crean tensión. Y eso es muy bueno para la venta. Y es lo que hacen las empresas que saben utilizar bien el relato de marca.

Insisto, debes asegurarte de que sean cosas con cierto peso. Por entendernos, si tu intención es comerte un regaliz en casa de tu prima, nadie estará leyendo y pensando: «Por favor, que llegue ya a casa de su prima para poder comer un regaliz». Algo así no es muy inspirador para el lector. La intención debe significar algo, aunque no sea profundo. No puede ser comer regaliz, a no ser que comer regaliz te salve de que se te caiga el pene a cachos. Entonces sí, corre a casa de tu prima a comer ese regaliz.

Igual que el obstáculo. El obstáculo debe ser algo poderoso. ¿Cuántas veces has visto una película o has leído un libro y has dicho «¿y por qué no llama por teléfono y lo resuelve tranquilamente?» o «bueno, pues que salga por la puerta de atrás y solucionado»? Entonces eso te desengancha. El obstáculo debe ser algo real, algo difícil de superar. Y además no hace falta que el protagonista de la historia lo supere. Basta con que lo intente.

Vale.

Si lo quieres trasladar al mundo de los negocios, el obstáculo es el punto de dolor. Por ejemplo: tú tienes un servicio de entrenamiento personal y yo no puedo entrenar porque tengo el hombro y la rodilla con importantes secuelas de lesiones. Puede ser un buen argumento para un entrenador personal. Es un obstáculo de verdad. El punto de dolor no es que estén lesionados todos tus clientes, simplemente, para hacerlo más interesante presentas un gran obstáculo y cómo se supera.

El ángulo es el siguiente: si tienes un negocio o lo piensas tener, ¿cuál es el perfil de cliente que más complicado lo ha tenido y ha sido capaz de verse beneficiado por lo que haces? Piensa en ello. Porque si te detienes a hacerlo, ése sería un gran obstáculo, y por tanto es un gran argumento de ventas. Lleva esto a tu negocio, piensa qué tipo de obstáculo es el más grande. Repito, eso es un buen argumento de ventas.

Y ahora vamos a irnos a un lado extremo. Por ejemplo, vendo tornillos. Muchas veces pongo ejemplos de tornillos porque hay quien asegura (muy equivocadamente, en mi opinión no solicitada de hoy) que con algo como los tornillos no se puede utilizar el storytelling. Y eso no es verdad. Se puede utilizar perfectamente. Parece como si con los tornillos no se pudiera hacer nada, simplemente decir «vendo tornillos», pues ya está. Mucha gente piensa: «Esto del storytelling es fantástico. Claro, si eres un profesional puedes contar tu historia, pero es que yo vendo tornillos». Bueno, pues vendes tornillos y qué te crees, ¿que no hay una emocionalidad en la compra de tornillos? ¿Que en los tornillos es todo racional?

Pues no, para nada.

¿Cuál es la intención si vendes tornillos? Tu intención pueden ser tornillos fabricados con material reciclado, por poner un ejemplo, ahora que esto se lleva mucho. O que quieres dar trabajo a la gente de tu zona y vas a coger a diez personas de tu pueblo: cinco mujeres, cuatro hombres y un perro astronauta. Pues eso puede ser una intención, además perfectamente clara. Es la intención de crear empleo local o lo que sea. Ahora, ¿que tu negocio no tiene ninguna intención? Pues a lo mejor debes replantearte tu negocio, no sé. Puede ser. También puede que tengas un negocio que sea muy rentable y que vaya en piloto automático. Hay muchísimos tipos de negocio que no tienen que trabajar eso de esta manera. Pero piensa que si no tienes ninguna intención, a lo mejor tienes que planteártelo.

Y el obstáculo... Pues te daré muy buenas noticias. Si tienes una intención, los obstáculos siempre salen. Siempre. Si tú consigues crear una buena intención, el obstáculo siempre va a salir. O sea, si tú dices: «Me voy a recorrer el mundo en patinete porque al otro lado del mundo está el antídoto para salvar la vida de mi gato Pochi», automáticamente van a salir los obstáculos. Te vas a perder por el camino, Pochi agonizará desde la cocina de tu casa, te van a robar el patinete. Hay obstáculos. Se te ocurrirán un montón de ellos, es un desencadenante instantáneo.

Y ésas son las cosas que nos gustan a la gente, las cosas que nos enganchan, y tenemos que aprovecharlas para nuestro negocio. Como te digo, éstos son la intención y el obstáculo. Eso por este lado. Pero algo a lo que jamás podrás renunciar a la hora de contar historias y a la hora de venderlas es el conflicto. Por resumirlo de forma muy rápida, sin conflicto no puede haber una buena historia. Sin conflicto no hay drama, no hay historia, no hay nada. Cuando digo conflicto no digo que tengas que tener un enfrentamiento con alguien. No hay que darse de hostias ni hay que discutir porque el camarero te ha traído mal la vuelta. No va por ahí. Podría, pero no va por ahí. Si te fijas en el cine, puede ser que haya un asesinato. Hay un asesinato sin resolver y alguien está atrapado en su casa y no puede salir. Eso es un conflicto. Para entendernos, el conflicto viene de la forma en que el personaje se enfrenta a los obstáculos, de la incertidumbre sobre si podrá o no superarlos. En una película hay muchos conflictos constantemente. Algunos se resuelven al final y otros se van abriendo y resolviendo entremedias. Estas cosas son muy importantes para la venta.

Piensa que el conflicto de tu cliente es que quiere aprender a entrenar porque está perdiendo la forma, pero no sabe cuál es la mejor manera de hacerlo. Eso también es un conflicto. Hay conflicto en todo si lo buscas. Y es algo que puedes aplicar a cualquier cosa: e-mails, cartas de venta, anuncios, vídeos, por supuesto, un *webinar*... Fíjate. Quieres guionizar un *webinar*, una presentación. Piensa cómo puedes arrancar: ¿cuál es la intención? ¿Cuáles son los obstáculos?

Veamos por ejemplo para una página de captación de e-mails. No te hablo de vender, ahora te hablo de captar el e-mail (que es vender, pero ya me entiendes). Entonces hay que preguntarse: ¿cuál es la intención de mi cliente? ¿Cuál puede ser la intención de mi cliente?

Vamos a poner que tú eres asesor financiero. Tu cliente puede pensar: «Bueno, yo quiero aprender a gestionar mis finanzas y esto lo hago para poder pagar un buen colegio a mis hijos —ésa es su intención— porque la educación cada vez está peor y quiero llevarlos a un buen colegio, donde les hablen en quince idiomas y siete lunas». Lo que sea que como padres puedan estar pensando. O «mi intención es que mi mujer esté orgullosa de mí, que no piense que se ha casado con un patán». Estas cosas son las que la gente siente y piensa. No hace falta hablar marciano, hace falta hablar claro. Debes entender esto como parte del proceso de venta: cuál es la intención. Otra intención puede ser: «Quiero poder viajar por el mundo. Quiero descubrir otras culturas». Ésa es la intención de tu cliente. Tú eres asesor financiero y tú sabes que tu cliente quiere aprender a gestionar sus finanzas para todo eso. Está pensando en su familia, está pensando en su ego... En fin, cosas totalmente naturales, totalmente humanas.

Vale. ¿Cuál es el obstáculo?

Tú ya tienes ahí información del cliente. Entonces estás haciendo la página para captar el e-mail. ¿Cuál es el obstáculo? Aquí tenemos que poner, para entendernos, los posibles puntos de dolor: «Pues mi salario es muy bajo. Pago un montón de impuestos, ¿qué me va a quedar para mí si lo pago todo en impuestos? La inflación, ¿para qué haré nada si la inflación se está comiendo el poco patrimonio que tengo? No tengo ni idea de dónde invertir...». Ésos son los obstáculos.

Bien. Y ahora el conflicto.

Para hacerlo interesante, añade conflicto. Puedes contar en esa pequeña página de captación el dinero que tú has perdido por el camino mientras aprendías a poner en orden tus finanzas. Habla de esa conversación en tu banco con el cabrón del director que te dijo: «¿A ti? A ti yo no te regalo ni un reloj de esos que se dan a los clientes cuando abren una cuenta con 10 euros. A ti nada. Saltan las alarmas cuando entras en el banco».

Añade un conflicto. En tu proceso personal y profesional ha tenido que haber piedras en el camino. Si no, no has podido llegar muy lejos. Es que es parte de la vida. Tú tienes que tener conflicto. Tu vecino tiene que tener conflicto. Tus antepasados, hasta el gato Pochi tiene conflictos. Bueno, ése se va a morir en breve. Fíjate si tiene conflicto. Y tú has tenido que pasar en tu vida personal y profesional por conflictos. Encuéntralos porque tienen que estar ahí. Y los puedes utilizar para vender.

En este ejemplo, alguien que es asesor financiero pues ha podido cometer errores en inversiones suyas o de clientes. Que no confiaran en él al principio. Ser la primera persona en su familia que ha estudiado algo de esto... Son conflictos que le han dificultado llegar hasta donde está. Eso simplemente le está dando ingredientes de mucho interés a la página de captación. Con esto quiero que veas que el storytelling no sólo es que se pueda utilizar para vender, es que se debe.

Toda buena historia tiene intención, toda buena historia tiene obstáculos, toda buena historia tiene conflictos. Porque sin conflictos, sin drama, no hay historia, recuérdalo. Esto es así.

Algunos, personas con poca imaginación y menos mundo, podrán decir cosas tipo: «No, pero es que en el mundo profesional esto no funciona». No separes el mundo profesional del mundo personal, del humano. Es un todo. Aunque tú tengas que utilizar el lenguaje que utiliza tu cliente, aunque puedas tener unos códigos de expresión concretos... Créeme que lo que va a enganchar y va a hacer una historia más interesante, sea el humano que sea el que esté viendo esto, es que haya conflicto. Éste es otro de los recursos que te quiero mostrar en este libro. Porque es muy probable que sin conflicto el lector se acabe aburriendo. Y conflictos puede haber muchos, puede ser un gran conflicto o varios pequeños o muchos de todo tipo, pero tiene que haberlos. Así es como lo espera la naturaleza humana. Tienes que hacer esto. Tienes que utilizarlo. Utilízalo con tu tono, con lo que tú te sientas bien. No hay más. Pero utilízalo.

Lo importante es que hay que hacer el storytelling, hay que utilizar relatos en nuestras vidas y para nuestras marcas personales, es algo real. La ventaja competitiva del recuerdo en la mente de la gente no tiene comparación. No te tienes que inventar nada, no hace falta, a no ser que sea ciencia ficción o terror o algo así. Simplemente es contar una historia donde enganches. Esto se puede aplicar para libros, para cualquier cosa. Y está al alcance de cualquiera.

Por cierto, si hay varios conflictos a lo largo de tu libro o de una página de ventas, no te obsesiones con los finales felices. No hay ninguna razón para que el final tenga que ser feliz para que la historia avance. Esto te lo digo porque veo que es motivo de bloqueo y preocupación de mucha gente. Tanto cuento de pequeños (que es fabuloso, obviamente) no significa que todo deba tener un final feliz, ni cuando vendes ni cuando no.

Lo importante de este capítulo es saber tres cosas:

1. Debes tener una intención.
2. Debes encontrar obstáculos.
3. Deben aparecer conflictos.

Utiliza este truco y las cosas irán por buen camino.

14

Muerdealmohadas o soplanucas. La importancia de que el lector sea activo

El lector nunca debe ser un sujeto pasivo. Alguien que lee no sólo está viendo un libro o siguiendo la historia. Para que nos entendamos, está participando de ella, quiere participar. Tenemos que conseguir, teniendo en cuenta esto, que sea partícipe.

Una vez que sabemos que a las personas nos gusta participar de una forma u otra en la historia, hagamos que eso suceda, cumplamos ese deseo, demos a la gente los puntos a conectar en su cabeza para que sientan que esa participación es mucho más intensa. A más puntos dejes que conecten (ahora lo vemos), más va a gustar la historia a la audiencia. Tú date cuenta de que las personas no sólo quieren sentarse y observar. Imagínate que te sientas en el cine o a leer un libro y sólo observas. Eso sería muy muy aburrido. Tu mente quiere participar de ello. La gente quiere sacar conclusiones por sí misma. Queremos hacer eso. Estamos programados para este tipo de cosas.

Entender esto es realmente importante. Personalmente es algo que aplico a mi escritura persuasiva (copywriting) de forma constante para aumentar las conversiones. Y en este capítulo te mostraré cómo lo puedes hacer tú. Para ello, es importante situarnos.

Mario y yo somos amigos desde que tenemos unos quince años. En otro momento te contaré cómo nos conocimos, ahora lo importante es saber que Mario es un friki del cine. Estábamos en su casa tardes enteras viendo películas. Le gustaba tanto el cine que tenía en su habitación su propia silla de director, que siempre me cedía cuando nos sentábamos a ver una peli. Ahora que lo pienso, el cabrón de él siempre se tumbaba en la cama. Bueno, el caso es que nos pasábamos la tarde-noche viendo cine de todo tipo, auténticos maratones. Sin duda, una de las cosas que más me gustaban de Mario era su capacidad para emocionarse y sorprenderse viendo una película, aunque la hubiera visto mil veces. Llegaba a su casa y me decía: «Vamos a ver *Jo, qué noche*», que posiblemente era su peli favorita —ahora es una de las mías— y la habría visto quince veces, pero daba igual, nos poníamos a verla y se reía y se sorprendía como si no la hubiera visto nunca. Era cojonudo ver cine con él, no sólo aprendías un montón de curiosidades y detalles chulos, es que era un tipo *antispoiler*. Si no te decía que había visto la película, jamás te lo imaginarías. Era tan curioso que muchas veces pensé que no las había visto y me estaba tomando el pelo, pero sí las había visto.

Uno de sus directores favoritos es Alfred Hitchcock. Y muchas veces, cuando hablábamos de cine, me decía algo que me ayudó mucho en mi carrera como copywriter. Más o menos, sus palabras, eran éstas: «Si hay algo que el ser humano adore de manera innata es jugar. Y uno de sus juegos favoritos es resolver misterios, fabular, tratar de imaginar cómo es aquello que permanece oculto».

Vale, teniendo esto en cuenta, ¿cómo lo podemos utilizar?

Una herramienta muy valiosa es jugar con la información que proporcionamos a nuestro lector. Podemos ir dándosela de manera secuencial, como si nos acompañase en un viaje, invitándole a especular sobre las siguientes dosis de información que están por llegar. O podemos omitir puntos importantes, saltarnos alguno en ese camino para que sea su imaginación la que juegue a rellenar los huecos. Los guionistas de cine saben un montón sobre esto y llevan utilizándolo desde hace mucho tiempo para hacer avanzar las tramas o para que el espectador dibuje en su cabeza aquello que quiere ver. Esto es fascinante y por eso voy a compartir un e-mail que me mandó Mario, explicándolo todo, que es alucinante. Es algo que contó primero Alfred Hitchcock y que ha sido clave en sus películas, en la mayor parte de thrillers y, sobre todo, en películas de espías.

Éste fue su e-mail —fabuloso, por cierto—. Mario tiene una enorme cultura cinematográfica que yo no tengo y que me permite aprender mucho de él y sus conocimientos:

> Dos tíos viajan en un tren, y uno siente curiosidad por un paquete que el otro lleva a su lado.
>
> Fíjate: la curiosidad, la fabulación... al tipo debía estar echándole humo la cabeza tratando de saber qué se ocultaba en el interior de ese paquete pulcramente envuelto en papel de estraza y amarrado con cuerdas.
>
> Así que no puede resistirse más y le pregunta al otro por su contenido.
>
> —Oh, es un *macguffin* —le responde.
>
> —¿Un *macguffin*? ¿Y eso qué es?

—Un aparato para atrapar leones. Para atrapar leones de las montañas Adirondak.

—¡Pero si no hay leones en las Adirondak!

—Bueno, en ese caso... no puede ser un *macguffin*.

El *macguffin* no es nada. O lo es, pero no es realmente importante. Es sólo un juego para estimular la imaginación y hacer que la trama avance.

Uno de los ejemplos más flagrantes y descacharrantes del uso del *macguffin* lo vemos en *Misión imposible 3* de la mano de J. J. Abrams (director y coguionista de la película, al igual que de la serie *Lost*, que también está plagada de ellos). En esta película el superagente secreto al que interpreta Tom Cruise debe recuperar algo que se llama la «pata de conejo». Algo muy importante que tiene el destino del mundo en sus manos.

A veces nos enseñan la «pata de conejo». Es un tubito de cristal con un líquido sexy, cablecitos, conectores tecnológicos, ya sabes... Pero no tenemos ni idea de qué es realmente. Sólo que se trata de algo muy importante. IMPORTANTÍSIMO. Luego ya el espectador se monta en su cabeza lo que le rota. La «pata de conejo» podría ser un virus que acabase con la humanidad. O un suero para hacer supersoldados. O una viagra cuántica que te la pone más tiesa que el martillo de Thor aunque lleves dos años bajo tierra. Se pasan la película hablando de la «pata de conejo» y corriendo tras ella.

«¿Dónde está la "pata de conejo"?», «entréguenos la "pata de conejo" si no quiere morir», «tenemos que recuperar la "pata de conejo".»

Por supuesto, al final de la película, Tom Cruise pone a salvo la «pata de conejo». Pero casi hemos llegado a los títulos de crédito y seguimos sin saber qué es. Así que Cruise le pregunta a su jefe qué cojones era la «pata de conejo» y éste le pide algo a cambio de la información. Y, bueno, Cruise le responde que realmente no está tan interesado en saber qué es. En cierto modo nos está diciendo que tampoco tiene mucho interés el guionista ni el director, ni debería tenerlo el espectador. La «pata de conejo» es sólo un *macguffin* que estimula la curiosidad del espectador y hace que avance la trama.

Otro maravilloso ejemplo de cómo los grandes guionistas estimulan la imaginación de los espectadores retándoles a resolver acertijos lo encontramos en la obra maestra de Orson Welles, *Ciudadano Kane*, película inspirada en el magnate de la prensa William Randolph Hearst.

La película comienza con el protagonista en su lecho de muerte. La última palabra que pronuncia antes de estirar la pata es «Rosebud». Y a partir de ahí la película retrocede en el tiempo para mostrarnos la vida del personaje que acaba de fallecer desde su niñez. Como si le encargase al espectador la tarea de estar atento al metraje para descubrir qué es realmente «Rosebud».

Cada vez que aparece una joven en pantalla, el espectador fabula: «Seguro que se llama "Rosebud" y es la tía de la que se enamora». O «seguro que "Rosebud" es una viagra que te la pone más dura que el escudo del Capitán América y reconcilia al protagonista con el mundo».

No es hasta la última secuencia que descubrimos qué es realmente «Rosebud». Por cierto, se rumorea que la palabra «Rosebud» se la sugirió el coguionista a Orson Welles para que la incluyese en la película, y proviene del apelativo cariñoso con el que Hearst se refería al coño de su amante.

Otro ejemplo de una gran maestría utilizando el recurso de estimular la mente del espectador lo tenemos muy cerca, en la película *Tesis* de Alejandro Amenábar.

En ella la protagonista se hace con una cinta en la que hay grabado un vídeo *snuff*, la tortura y el asesinato real de una persona. El personaje, interpretado por Ana Torrent, tiene la cinta en su poder. Quiere verla, pero no quiere verla. Ya sabes, como cuando algo te espanta y te seduce y te pones las manos delante de la cara para mirar entre los dedos. Así que coge el mando de su televisor y baja el brillo a su nivel mínimo dejando la pantalla en negro. Entonces mete la cinta de video en el reproductor. Ya sabes, con un asesinato.

Y pulsa el *play*.

> Pero claro, la pantalla está en negro. Así que sólo escuchamos los gritos horrorizados de una mujer. Los chasquidos de algo que impacta sobre su carne. Cosas que no identificamos. Quizás las herramientas que utilizan para torturarla.
>
> ¿Y qué vemos?
>
> La cara de espanto de Ana Torrent alternando con una televisión con la pantalla en negro.
>
> ¿Podría habernos enseñado Amenábar imágenes de una tortura en la que los efectos especiales nos hubiesen hecho creer que era real y nos hubiesen asqueado? Por supuesto, pero nada de lo que nos hubiese podido enseñar podría ser tan aterrador como lo que está pasando por la cabeza de Ana Torrent, o por la del espectador.
>
> Éste es un preciado motor que mueve al ser humano: jugar, resolver acertijos, fabular.

Bien.

Éste fue el e-mail. Me encanta este e-mail. Por cierto, si quieres saber qué o quién era «Rosebud», debes ver *Ciudadano Kane*, yo no pienso contártelo. Pero sí aprovecho esta lección de Mario para contarte algunas cosas sobre cómo aplicar esto a la venta que casi seguro que te interesan. Simplemente para que veas que esto se puede aplicar a cualquier cosa que vayamos a hacer en el mercado online.

Veamos otra página de captación. Ya lo digo muchas veces, que a mí las páginas de captación me gustan mucho porque ahí se empiezan a construir grandes negocios, cuando captamos el e-mail. Eso da para otro libro, claro. Pero vamos ahora con la página de captación. Vamos a imaginarnos que eres masajista profesional. Esto funciona en negocios de todo tipo.

Bueno. ¿Cómo podemos aplicar aquí el storytelling salvaje? ¿Cómo podemos sacar mucho partido a esto? ¿Cómo lo podemos hacer con una página captación? Vamos a «hacer un Hitchcock» aquí. Vamos a ver la profundidad del concepto. Podrías empezar así:

> Puedo enseñarte cómo ganarte muy bien la vida, mucho mejor que la media del sector, como masajista profesional con un vídeo privado que le mandé a un amigo para que lo intentase. Y que tiene dos pequeños detalles clave. Por cierto, mi amigo ahora se gana muy bien la vida como masajista. Si te interesa, mira aquí...

Puede ser un comienzo. Y luego dices: «Ahora te cuento cosas del vídeo».

Si tú te estás dirigiendo a personas que quieren ser masajistas profesionales y el público es el adecuado, éste es un comienzo muy bueno. Les has hecho mirar para que imaginen el vídeo privado que le mandas a un amigo, pero no se lo muestras aún. Les estás involucrando, utilizando técnicas de guion cinematográfico. Estás haciendo lo que nos enseñó Hitchcock y tantos otros. Seguimos con el masajista:

> Este amigo me decía que lo veía como un *hobby*, pero que cómo se iba a ganar la vida así, si costaba mucho montar un local físico. Papeleo con Hacienda y cosas así.

> También me decía que no se veía con las habilidades suficientes porque, al fin y al cabo, sólo ejercía de masajista con sus amigos, y con ellos tiene confianza.

Por supuesto, dependiendo del lugar donde estés haciendo esto, si es un anuncio, un e-mail, una página de ventas, un «sobre mí» en una web..., puedes utilizar mucho más storytelling y contar cosas como qué te decía tu amigo, cuáles eran sus puntos de dolor, qué era lo que el amigo no se veía capaz de superar... Sólo estás tratando de que el lector juegue, que quiera descubrir. Entonces empiezas a hablar del amigo que te cuenta estos puntos que no acaba de resolver.

Ahora piensa en lo que vendes tú. Ésta puede ser una estructura muy buena para una página de captación. De hecho, yo he utilizado esta estructura en páginas de captación. En esta página, como digo, empiezas con:

> Puedo enseñarte cómo ganarte muy bien la vida, mucho mejor que la media del sector, como masajista profesional con un vídeo privado que le mandé a un amigo para que lo intentase. Y que tiene dos pequeños detalles clave. Por cierto, mi amigo ahora se gana muy bien la vida como masajista. Si te interesa, mira aquí...

Y lo dejas ahí.

Este amigo me decía...

Y ahí es cuando empiezas a contar cosas. No tu vida, sino la de tu amigo, que puede ser la que conecte con tu público potencial. Cuando les has contado un poco de esto, como si pudieran casi verlo, se estarán diciendo: «¿Qué hay en el vídeo? ¿Qué dos detalles son ésos? ¿Cómo logró ganarse muy bien la vida? Queremos saberlo».

Entonces, una vez que has contado cosas de tu amigo el masajista, cosas que interesen al público potencial, puedes acabar esa página diciendo:

> El vídeo dura 7 minutos. Se lo grabé con el móvil. Es algo totalmente privado. Si buscas una grabación de estudio, te vas a decepcionar. Si buscas una forma sorprendente de rentabilizar esta profesión, entonces no te vas a decepcionar.

Es decir, sigues contando algo del amigo al que le has grabado el vídeo, de lo que le ha podido ayudar, de qué le hizo ver que no era tan insalvable como pensaba... En este caso, a la audiencia le vas a enseñar a ser masajistas: el punto de dolor que ven insalvable para trabajar para ellos mismos y montar su propio gabinete de masajes. Pero resulta que a lo mejor en el vídeo tú les das una solución. A lo mejor consigues que alguien les dé un local muy económico a cambio de un pequeño porcentaje. No sé, ideas para que la gente que no tenga recursos pueda emprender. Lo importante es dar alguna idea chula. No les hagas creer algo y luego les entregues basura. A la larga, eso no es bueno para la venta. Dales cosas útiles, basadas en tu conocimiento y experiencia. Pero recuerda, poco. No te pases. Es sólo para captar el e-mail. No les des un queso entero, quedarían llenos y no querrían comer más. Dales una muestra, que les encante y quieran comprar el resto del queso. Así funcionamos las personas. Y esto lo puedes aplicar para negocios online o negocios físicos o negocios en la luna.

Y después de lo de «El vídeo dura 7 minutos. Se lo grabé con el móvil», seguimos un poco con lo del amigo y terminas con un:

> Bueno, todo lo que le dije está aquí.
>
> Suscríbete.*
>
> *(Las páginas de captación pueden tener perfectamente más de un lugar para suscribirse.)

Les has picado la curiosidad. Ahora, ¿quieres verlo entero? Suscríbete. Si fuera en una película: ¿Quieres enterarte de qué es «Rosebud»? Pues tendrás que ver la película entera.

¿Qué es lo que quiere el director? ¿El guionista? Que veas la película entera, que te haya entretenido mucho, que te hayas sentido partícipe para que salgas del cine y digas: «Buah, esta peli es la hostia... En serio, tienes que verla». Bueno, pues el masajista quiere que veas su clase y le dejes el e-mail. Y tú tendrás que ver qué quieres. Porque algo querrás, claro.

Así funciona y lo puedes aplicar perfectamente a las ventas. Puedes utilizar el storytelling de infinitas formas. Como infinitas historias hay.

15

Pronto rondaré alrededor de tus agujeros

Al hilo de todo esto que acabamos de ver, te quiero contar algo que he vivido por mí mismo en mi negocio todos estos años. Todo esto que te acabo de contar sobre jugar, descubrir y lo bueno que es para un negocio. Aunque tengo que reconocer que todo esto lo descubrí de forma totalmente involuntaria.

Mira.

Ya sea a través de mi web, de mis e-mails o como sea, siempre trato de que mi comunicación sea directa, clara y de dibujar en la mente de la gente. Es mi trabajo y, además, me fascina. Y una cosa que siempre me ha llamado la atención es la reacción de muchos lectores a mis cartas de ventas. No hablo de aquellos muy fans que aseguran que deberían ser de pago o que las imprimen en papel y las cuelgan de sus paredes. A lo que me estoy refiriendo con mis cartas de ventas es a las fotos de animales raros que suelo incluir en ellas. Son fotos de animales que nada tienen que ver con lo que vendo y que suelo incluir en cada carta. Jirafas, monos, perros, erizos, elefantes, lo que sea. Cuando lo pensé, había dos razones:

1. Por un lado, quería dotar mis cartas de ventas de un elemento de personalidad propia. Quería que fueran

reconocibles incluso sin leerlas. Que sólo con escanearlas por encima dijeran: «Esta carta es de Isra Bravo». Meter animales raros ahí, sin venir a cuento, podría ayudar con esa tarea. Algo que sólo hago para mi negocio, claro. Para el resto, otras cosas raras.

2. La otra razón, es que un animal feo y raro, una foto absolutamente fuera de lugar, fijaría la atención de la gente. Pensarían: «¿Qué cojones es esto? ¿Qué pinta esto aquí?».

Pues bien, no hay semana, sin excepción, que no reciba algún correo de algún suscriptor de mi lista preguntando por el código oculto de esas imágenes. O, directamente, asegurando haberlo descubierto. Cuando leí aquel e-mail de Mario me hizo muchísima gracia, porque resulta que todo este tiempo en mis cartas de venta he estado metiendo *macguffins* de ésos sin saberlo. En realidad, ni yo tengo puta idea de por qué pongo un erizo o una oveja en mis cartas de ventas. Quiero decir, las pongo por las razones que te he comentado arriba, pero me da igual un animal u otro y no hay un mensaje oculto. Pero en la propia naturaleza humana está, inevitablemente, jugar, descubrir, divertirnos, la aventura. Eso es algo fabuloso que te puede dar montones y montones de ventas. La necesidad de la mente humana para resolver retos no puede ser infravalorada. Ni en la venta, ni en la vida.

Hay decenas de recursos que puedes utilizar para estimular la mente de las personas. El «no mostrar» y permitir que sea la mente del lector la que genere las respuestas (como acabamos de ver en el capítulo anterior) es uno de ellos, pero hay muchos más.

Por ejemplo, ¿has visto a los magos utilizando palabras como «Abracadabra»? La mente humana dispara su imaginación ante cosas como ésa. Sólo con escuchar esa palabra.

Huir de los lugares comunes, de las frases hechas y ofrecer algo nuevo, algo que requiere un pequeño esfuerzo, produce excitación al enfrentarse a ello y placer al resolverlo.

Otra forma de jugar con los lectores y de animarlos a jugar contigo es dar la vuelta a sus expectativas. Llevarlos a un lugar común, algo que ya han visto más veces. Entonces ellos, consciente o inconscientemente, hacen sus predicciones, creen que saben cómo va a acabar todo y de pronto viene el gran giro que les demuestra que estaban completamente equivocados. ¿A qué me refiero? Piensa en películas como *El sexto sentido*, *Los otros*, *El club de la lucha*... Puede que no las hayas visto todas, pero casi seguro que alguna habrás visto. Estas películas tienen un final que nos obliga a mirar de una forma totalmente distinta todo lo que acaba de pasar. El final reescribe toda la historia. Es fabuloso. Como en el ejemplo que te ponía en la introducción del hombre que se da cuenta de que no tenía perro. O películas que incluso acaban siendo de un género distinto del que parecía, como *Psicosis* o *Abierto hasta el amanecer*, que empiezan como un *thriller* y acaban convertidas en historias de terror.

Esto de jugar con las expectativas y darles la vuelta es un recurso extraordinario y lo puedes conseguir igual en cualquiera de tus textos. Es más, puede ser un juego muy rentable y muy divertido. Vamos a verlo con el ejemplo de la lavandería, que ya vimos en el capítulo 8 y que parece una de esas cosas alrededor de las cuales no se pueden hacer grandes historias. Este ejemplo es muy simple, sólo quiero que veas la forma de aplicarlo. Tendrás que pensar en tu negocio en profundidad para darle verdadera fuerza. Bien, como te decía, vamos a imaginar que tienes una lavandería, pero piensas en tu negocio y te das cuenta de que es mucho más que una lavandería. Entonces le das vueltas al asunto, ¿cómo poder explicar todo esto?

Vale, lo primero de todo sería pensar: ¿Cuál sería la mejor forma de atraer a la gente? Si tienes una lavandería, sería lógicamente hablando de la lavandería. Lo que pasa es que tú sabes que es mucho más que eso. Y para que la gente lo vea también, podrías utilizar recursos como los que estamos viendo aplicados para la venta, para alimentar la sorpresa del lector.

Entonces vas a escribir para vender tus servicios de lavandería. Podrías empezar el texto con un titular que incluya la palabra «lavandería» para fijar las expectativas del lector. Eso sería importante. Podría ser esa palabra o cualquier otra expresión que deje muy claro, de entrada, que tienes una lavandería. Si utilizas la técnica de *Ciudadano Kane* y su «Rosebud», podrías hablar, al principio de la página, de algo que tiene tu lavandería que no tiene ninguna lavandería tradicional. Y a medida que vayas avanzando, vas dando detalles sobre cosas muy poco habituales que tú haces ahí. No sé, la verdad, no soy experto en lavanderías, pero algo tipo sala de espera con máquina de café gratuito, servicio de guardería para mascotas, posibilidad de alquiler de trajes... todo eso. Si lo vas dando poco a poco durante el texto, irá creando en el lector esas ganas de descubrir y te permitirá plasmar todo tu valor añadido de forma diferencial. Y no sólo eso, no sólo te distinguirás de la competencia y podrás dibujar más claramente en la mente de la gente. Es que si lo vas haciendo así, como si fueras Alfred Hitchcock o Agatha Christie, mostrando poco a poco, y al final lo que empezó como una lavandería es más parecido a un centro de ocio, inevitablemente estarás haciendo al lector partícipe de la historia. Y si haces eso, lo siguiente es que te compren.

Y ya para terminar con todo este tema de cómo ir alimentando la imaginación del lector, hay unos tíos que saben mucho sobre la unión entre narración y juegos, y son los jugadores de rol. Ya sabes, eso de *Dragones y mazmorras* a lo que juegan los críos de *Stranger Things*.

Yo he jugado al rol pocas veces, la verdad, pero siempre me divertí mucho y siempre lo hice con Mario, que entiende mucho del tema y sabe muy muy bien cómo llevar las partidas. Me acuerdo cuando era un adolescente y nos conocimos. Él me hablaba un montón de juegos de rol, pero en aquella época estaban muy demonizados en España por la prensa (normalmente la prensa es amarilla y borrega) por el llamado «crimen del rol» que tuvo lugar en Madrid en los años noventa. El caso es que dos hijos de puta pillaron a un pobre hombre esperando un autobús y lo asesinaron de forma despiadada. Ellos declararon que estaban jugando a un juego de rol. Entonces todo aquello se demonizó mucho porque entre la prensa y lo fácil que es hacer que la masa se vuelva histérica, zombi y amorfa, como sus noticias, pues se asoció que jugar al rol era poco menos que como una secta y que se incitaba a matar gente. Hasta tal punto que cuando Mario venía a mi casa en aquellos tiempos, a mi madre, que todavía no le conocía, le preocupaba mucho ese chaval tan raro que venía a jugar al rol. En fin, el rol puede ser muy divertido y no hay que asesinar a nadie.

Pero a lo que iba. En los juegos de rol hay un narrador que va explicando una situación y a su alrededor hay cuatro o cinco jugadores interpretando a personajes que reaccionan a lo que el narrador les va contando. Un juego que transcurre por completo en la imaginación de sus jugadores. Por ejemplo, el narrador les dice algo como:

—Bien, habéis llegado a la vieja fortaleza en la que el vampiro tiene encerrada a la hija del alcalde. Como era de esperar, el portón está cerrado, ¿qué hacéis?

Y el tipo que interpreta al bárbaro responde:

—Mi guerrero saca su hacha y empieza a golpear con ella la puerta.

Mientras que el tío que lleva al arquero élfico dice:

—Ato una cuerda al extremo de una de mis flechas y la disparo para tratar de engancharla al poste del torreón y escalar los muros.

Pues bien, Mario, que es un tío que sabe de esto hasta el punto de tener libros de rol publicados en la mejor editorial del sector, me hablaba de lo importante que es la cantidad de información que das a los otros sobre la escena. Debe haber un equilibrio, pero siempre es mejor quedarse corto que pasarse. Joder, esto me encanta. Funciona para todo. Es «el arte de dejar a medias» del que hablo desde hace años, porque por mucho que esto se cuente una y otra vez, no deja de funcionar. Vale para cualquier sector, para cualquier circunstancia. El arte de dejar a medias.

En el caso de los juegos de rol, esto es así porque las mejores descripciones están en la cabeza de los jugadores. Pero lógicamente, si lo aplicas a una carta de ventas o a un buen e-mail y los dejas a medias, si no los sacias, la gente querrá ir a más. Va en nuestra naturaleza, es inevitable y por tanto es muy importante tener esto claro. Pues en el rol, el narrador sólo debe bocetar la escena y dejar que sean las mentes de los jugadores las que la llenen de detalles. Aunque sólo hayas descrito «la vieja fortaleza del vampiro», la mente del jugador ya está dibujando ladrillos cubiertos de musgo y moho que casi se deshacen al tocarlos. Y ha iluminado la escena con una enorme luna llena que se ve atravesada por una bandada de murciélagos. O en un atardecer, con viento misterioso que parece susurrarnos algo. Da igual, cada uno se lo imaginará a su manera y además así les das hueco para que hagan sus intervenciones. El narrador no ha descrito ningún torreón, pero en la cabeza del jugador que interpreta al elfo sí que estaba allí, y eso le ha permitido trazar el plan de trepar hasta él con su flecha y una cuerda. Todo eso está en la cabeza de cada lector.

Utiliza estos recursos a la hora de contar buenas historias. (Si la situación lo requiere, puedes ser mucho más descriptivo y te funcionará muy bien. Pero muchas otras veces tendrás que dejar que la imaginación de la gente juegue.) Mira el efecto de las fotos de animales en mis cartas. Algunas están desde hace años y como te decía y sin exagerar, cada semana una o dos personas me descifran esas fotos. ¿Son idiotas? ¡No! Son personas jugando, es inevitable en nuestra propia naturaleza. Todos lo hacemos de una forma u otra.

Y como curiosidad te diré que después de compartir decenas de trabajos basura, ahora Mario y yo hemos vuelto a trabajar juntos. Ver cine nos enseñó muchas cosas. Ve cine. Ve buen cine. Y conserva y trabaja la amistad de los buenos amigos.

16

Acariciante momento bajo la luna de tu cerebro pensante y rebosante

Algunas veces me preguntan quién es mi mentor. ¿Pero cómo responder a eso? He tenido, tengo y tendré cientos de mentores. Tal vez miles. Algunos han influido más, otros menos, pero aprendo constantemente de gente cada día. De otros muchos trato de estar muy alejado, claro. Apartarme lo más posible. Todas esas personas críticas de salón. Toda esa gente me da pereza y, cada día más, indiferencia. Sin embargo, muchas otras personas son luz en el camino. En mis libros, en mis e-mails, voy nombrando cosas, esas influencias, esos aprendizajes. Siempre procuro referenciarlos, pero no lo puedes hacer siempre y con todo, pues es imposible. A veces sabes que has leído algo en algún lugar, pero no sabes dónde. Y en otras ocasiones todavía va más allá, no sabes que lo has leído en algún sitio. En un libro de contar historias y venderlas, como es éste, la cantidad de influencias que he podido tener sería imposible de enumerar. Puedo decirte la primera, mi madre, que me leía cuentos cada noche. A partir de ahí, todo un mundo se abrió. O muchos mundos, mejor. Esto te lo estoy contando porque he escuchado infinidad de veces que las historias son siempre las mismas contadas de diferente forma, algo con lo que no estoy en nada de acuerdo. Las historias son infinitas. Hay más historias que personas. Son infinitas.

En esto coincido con uno de los pocos escritores a los que se lo he escuchado decir, Alessandro Baricco. Lo leí hace poco en uno de sus nuevos libros. No te lo voy a recomendar, haré algo mejor: te los recomiendo todos. Baricco dice —e insisto en coincidir plenamente con él— que las historias son infinitas. Aunque también sabe reconocer patrones comunes en muchas de ellas, claro.

Uno de los ejemplos de estos patrones de los que habla es algo que llama «el agujero negro», que vendría a ser un tipo de historia en la que el mundo entero toma la forma de la atracción fatal hacia un agujero negro. Éste arrastra a los personajes, que lo intentan destruir a la vez que son atraídos por él inevitablemente. Y pone como ejemplo de este patrón historias como *Drácula*.

Luego habla del patrón de «la reparación», donde se altera el orden del mundo (por cualquier motivo) y una fuerza paciente y decidida, que puede ser el protagonista de la historia, trata de poner las cosas en su lugar. Es el modelo de *Sherlock Holmes*.

Otro ejemplo que da es el de «el remolino», en el que la historia tendría la forma de un movimiento circular que vuelve obsesivamente al mismo punto. Es el caso de la *Odisea*.

Lógicamente, dice que hay bastantes más patrones, pero creo que con esos nos podemos hacer una idea. Claro que hay cosas en común en muchas historias, pero yo no tengo ninguna duda al respecto: las historias son infinitas. Hay muchas más historias que hombres sobre la Tierra.

Entonces, lo que te decía. No te puedo dar el nombre de un mentor, ni de diez. Son muchos, pero lógicamente hay momentos que lo cambian todo. Cuando era niño, leía muchos libros de *Dragones y mazmorras*. También los de *Elige tu propia aventura*. Como a cualquier niño normal, me pasaba que leer cosas del colegio me resultaba mortalmente aburrido. Y, como ya he comentado, me costaba mucho leer, mucho. Y no sólo eso, es que tenía que leer cosas terriblemente aburridas y encima me juzgaban por ello. Me refiero a que nos hacían exámenes. Era terrible. Leer cosas insoportables, que te cueste un mundo leer y, encima, que te pregunten y te juzguen sobre ello. Sin embargo, gracias a la intensa lectura de mi madre, pronto me pude evadir de todo aquel infierno y crear mis mundos.

Fue gracias a *Dragones y mazmorras* y *Elige tu propia aventura*. Me fascinaban aquellos libros. Los tenía todos. No paraba de leer todo aquello. No era consciente de su influencia, es más, en mi época adulta, durante muchos años ni me acordaba de ellos. Pero hablando con mi madre empecé a recordar muchos detalles. Como que en mi cumpleaños siempre me regalaban un libro y un boli. Cada niño que venía lo hacía con un libro y un boli. ¿Una señal? No creo, jajajaja, simplemente, siempre he sido muy apasionado con lo que me gusta y supongo que les daría mucho la paliza con los libros esos. Y ellos, me los regalaban. Esos libros marcaron mi infancia.

En la preadolescencia, pasé una época muy luminosa y me obsesionó la muerte y todo lo relacionado con el más allá. Leía todo tipo de libros esotéricos, brujas, conjuros, reencarnación..., todo lo que caía en mis manos. Me leí todos los libros de *Caballo de Troya*. Cuando venía algún adulto a mi casa y encontraba a un niño de trece años leyendo esas cosas, supongo que pensaba que sería un futuro asesino en serie. Era poco hablador y leyendo sobre muerte. No es buena presentación, tal vez. Lo siguiente fueron los libros de terror, sobre todo de vampiros. Leí todo sobre los vampiros. En realidad, quería ser un vampiro.

Después llegó la adolescencia y se encadenaron todos aquellos trabajos imposibles. Y ahí descubrí a Bukowski.

Él me acompañó toda mi primera juventud. Lo tenía en la mesilla de noche y me ayudó a entender el mundo. Cuando alguien decía que sólo era un borracho, ya sabía que hablaba alguien sin corazón. Considero a Bukowski uno de los más grandes y sensibles poetas porque era capaz de decirlo sin ser un afeminado ni un cursi ni un pedante. Lo único malo que me trajo Bukowski es que ninguna lectura me volvió a emocionar como él (aunque no creo que eso tenga que ser malo, si lo pienso con calma, es una suerte descubrir cosas así después de todo). Los habrá mucho mejores, los habrá más leídos y profundos, pero ninguno es Bukowski. «Bukowski tenía un pájaro azul que quería salir, pero era duro con él y sólo le dejaba salir por las noches, cuando todo el mundo dormía. Y era tan tierno como para hacer llorar a un hombre, pero Bukowski no lloraba. ¿Lloras tú?»

Después de Bukowski descubrí a Gustavo Adolfo Bécquer. Ya nada era igual, pero este tipo era otro grande. Comparar es tontería, yo sólo hablo de la manera en que me afectó, pero era otro grande. Más tarde vino William Burroughs y la generación *beat*. Por ahí también pasé. No quiero parecer un gran lector, no lo soy, sólo leo un poco y como me gusta mucho, casi ningún libro acabo. Una novela que me impresionó mucho fue *Todo un hombre* de Tom Wolfe, qué tío... Hubiera sido un copywriter excepcional, qué manera de crear imágenes en la mente de la gente. Y, bueno, no quiero seguir nombrando, ¿sabes por qué? Porque este capítulo es una puta basura, estoy convencido de que cuando este libro esté impreso, si alguna vez lo leo me diré: «Estúpido, se te olvidó nombrar las letras de Lou Reed, ¿acaso no te influyeron un montón? Se te olvidó nombrar a éste y a aquélla, y ese libro que te marcó *parasiempre...*». Y será cierto, se me olvidará nombrar a cientos de personas, libros, canciones, e-mails, cartas de ventas, poemas que me emocionaron y me enseñaron, pero esto lo escribo una calurosa tarde de agosto y en algún momento tendré que parar.

Pero deja que te diga algo sobre el estilo.

Veo el estilo como algo innato que va tomando forma con tus vivencias, pero nunca puedes olvidar que tu visión es única y que mucha gente nunca tendrá un estilo. Todas las palabras y realidades nos han sido dadas, sólo tu visión única puede servirte. No hay nada que temer, son palabras, están para que juguemos con ellas y para que entendamos que les debemos respeto por la inmensa fuerza que tienen. Tu manera de ver el mundo hará que escojas unas palabras u otras para contarlo, están todas a tu disposición, pero serán manoseadas guarramente con tus manos sudorosas y tu cerebro excitado hasta convertirlas en tu estilo. Para ello, para encontrar tu visión única, tendrás que ignorar muchas cosas, muchas palabras, muchas historias, muchas personas.

No todos los mundos caben en tu mundo.

Y así debe ser.

17

Reflexiones finales y otros rituales

Bien.

Estamos acabando este extraño libro de storytelling. Recuerda que en el prólogo te conté el relato del tipo que tomaba una copa de vino y acariciaba la cabeza de su perro después de un duro día de trabajo... Hasta que cayó en la cuenta de que no tenía perro. Te comenté que en algún momento de este libro lo íbamos a utilizar para vender y veríamos cómo aprovechar ese tipo de frases que permiten al lector completar toda la historia.

Imagina que vendes un servicio para enseñar cómo ganar dinero con un *e-commerce* a través de Amazon. Da igual, es sólo un ejemplo. Si tuviera que pensar en una frase de este tipo para el final, me plantearía cuál es el mayor beneficio. Podría ser, por ejemplo, poder probar mi negocio sin hacer apenas inversión. Y ésta podría ser la frase final:

Por eso, algunos saben cómo montar negocios muy rentables sin apenas inversión.

Ésa ha sido la frase que he decidido que sea mi cierre, así que a partir de ahí, construyo el resto del relato. O sea, que empiezo por el final. Pensando en el cierre. Si acabo con esa frase, inevitablemente, el cliente potencial interesado en ese nicho va a querer saber cómo. Cómo hacerlo. Esto es tremendamente persuasivo. Si finalizas así, y pones justo un botón para comprar o para dejar el e-mail o para pinchar y llevarlos a un vídeo, lo que sea, las probabilidades de que actúen son realmente altas. Y, para que me entiendas, lo que tienes que contarles antes del final son las ventajas, cosas tipo:

- Si montas una tienda en internet tendrías que invertir muchísimo dinero para que la gente la visitara, pero en Amazon ya hay mucha gente comprando cada día. Aprovecha ese tráfico.
- Una forma de ganarte la vida rentable, sin riesgos en el estocaje y sin empleados. Esto es, un modelo de negocio sencillo.
- Trabajar sin horarios y desde donde quieras.
- Puedes empezar en ello sin necesidad de dejar tu trabajo actual y/o tus estudios para que puedas ir probando poco a poco y sin riesgos. Teniendo una fuente de ingresos alternativa.
- Amazon te da una gran autoridad y te transfiere la confianza de ser una plataforma conocida en todo el mundo donde compran millones de personas constantemente y donde no te tienes que preocupar de envíos ni devoluciones ni facturas.

Y acabas con el: «Por eso, algunos saben cómo montar negocios muy rentables sin apenas inversión».

Eso es un final en toda regla. Y está inspirado en el relato corto que leí de niño. Es un gran recurso, puedes hacer finales muy persuasivos. Recuerda: en la frase final, un gran beneficio. Ésa la dejas escrita, luego ya construyes el resto del relato pensando en un beneficio. Le has dado al lector toda una batería de argumentos y acabas con una frase que lo dice todo y, a la vez, le permite imaginar todo.

Reflexiones finales y otros rituales

Una vez estaba sentado junto a mi padre. Yo era apenas un niño y él estaba escuchando a Tom Jones. Le gustaba Tom Jones, a mí también me gustaba, a ambos nos gustaba. Entonces le dije a mi padre que me gustaría escribir canciones. Y mi viejo me miró y me dijo:

—Muy bien, entonces debes imitar a Tom Jones, debes ser exactamente igual que Tom Jones.

Aquello me desconcertó mucho. Mi padre siempre solía decirme que tuviera mis propias opiniones, mi propia cabeza y me llevara mis propias hostias. Así que tuvo que notar la extrañeza en mi cara porque sin que yo llegara a abrir la boca me dijo:

—Tom Jones es único y eso es lo que te digo que imites. Debes vivir tu propia vida, contar tu propia vida. Porque, aunque todos seamos una mezcla de todos, todos podemos ser únicos, aunque pocos se atrevan y pocos lo sepan. Vive tu vida y cuenta tu historia, eso es lo que tienes que hacer. Hacer que merezca la pena.

Y ése será el consejo que le daré a mi hija. Y no le diré que sea única pensando que es mejor o diferente desde la superioridad o la inferioridad ante todos los demás, simplemente le diré que no deje que nadie le escriba su historia. No dejes que nadie escriba la tuya.

Escribe.

No seas cursi.

Escribe y vende.

El epílogo del tiempo lento

Hay personas que recuerdan muchos detalles de su infancia. Detalles concretos tipo «la primera vez que sentí miedo» o «mi primer amor» o «el primer recuerdo» (así, en general) o «la primera conversación con mi padre» o «las sensaciones de mi primer boletín de calificaciones en el colegio». Yo, la verdad, no recuerdo nada de esas cosas. Recuerdo muchas cosas de mi infancia,* además, las noto siempre muy cercanas, lo cual tiene una explicación que quizá cuente ahora en este epílogo. Pero lo que sí recuerdo con absoluta nitidez fue cuándo dejé de ser un niño. Ocurrió una tarde, de repente, y estuve triste bastantes días. Me pasé la niñez queriendo ser mayor, como casi todos los niños, y cuando dejé de serlo, sentí tristeza. Pero sólo me duró unos días.

Por aquel entonces pasaba muchas horas solo. No tenía ningún problema en mi casa, al contrario, fui muy afortunado, pero me pasaba muchas horas solo porque era un raro. Me gustaba mucho jugar solo. Me chiflaba hacer mis planes solitarios. Nada especial, no te creas, cosas de niños, pero solo. Aunque me gustaba conocer gente nueva, enseguida me gustaba volver a estar solo y pensar en mis cosas. A saber en qué pensaría. En tetas, supongo. En cualquier caso, me gustaba jugar solo la mayor parte del tiempo. Con los *Más-*

ters del universo o con las chapas. Principalmente con eso. Había más juegos, pero casi siempre eran ésos. El verano me gustaba mucho porque era eterno y no tenía que ir al colegio en tres meses, que eran como una vida de largos. Era el tiempo lento. El tiempo lento... Antes de decirte qué día dejé de ser un niño, cómo lo descubrí y cómo te podría ayudar a ti en tu vida y tus negocios, te voy a poner aquí *El cuento del tiempo lento*, que se lo escribí a la mujer sueño. Espero que algún día lo lea. Dice así (luego seguimos con lo que te estaba contando a ti):

> **El cuento del tiempo lento**
>
> Hola.
>
> Esto es realmente muy raro. Ni siquiera sé por qué estoy escribiendo esto. Se supone que esto corresponde a un escritor. O tal vez, esto te lo debería dar en persona. Metido en un sobre, para que lo pudieras tocar, para que pudieras sentir la importancia que tiene.
>
> Voy por partes y, si voy por partes, tal vez deba empezar por algo de la infancia. Esto no es necesariamente así, pero lo haré en esta ocasión. Como también diré que esto lo voy a escribir de corrido y no editaré nada de nada, excepto lo que me ayude el corrector de word a mis tremendos problemas con el lenguaje. No lo tenía pensado, es que pensé en ti y tuve la necesidad de contarte esto. Improvisado, real.
>
> Bueno, vamos allá.

Cuando eres niño, y esto lo sabemos todos, el tiempo pasa lento. Es muy lento. Cuando te dan las vacaciones de verano, una eternidad se agolpa ante ti. Días, semanas, meses... calor, días largos, noches nuevas, la luna, los sueños, el mirar a los demás, el querer encontrar gente buena. A mí siempre me fascinó la gente buena. Son exóticos. Muchos se burlan de ellos, como si la bondad fuera un defecto. Como si la generosidad fuera una debilidad. Esos que se burlan no han conocido el lado malo, no han conocido la falta de lealtad, la traición, el egoísmo extremo, la mezquindad, el dolor severo. Porque si has conocido todo eso, es tal el respeto que sientes por la gente buena, que sólo puedes callar y observar. Aunque diré algo también, algo importante: la bondad solo tiene mérito desde la inteligencia. Porque si se basa en la ignorancia para que otros se aprovechen, no es bondad.

Vale, que me desvío. Deja que te cuente, deja que te diga a lo que hemos venido aquí y deja que te advierta de nuevo que yo no soy escritor, solo estoy poniendo aquí algo que me dice la cabeza, sin complicarme la vida demasiado, sin mostrar cultura, solo mi cabeza, tú y yo. Y si tu cabeza y la mía se encuentran, será fabuloso.

Te hablaba de esos días interminables de verano, también los había en invierno. Cuando eres pequeño todo va lento, todo. Las clases, la espera de la fiesta de cumpleaños, la visita de los Reyes Magos de Oriente... todo va lento, todo lo puedes tocar, masticar, saborear hasta que te aburres de hacerlo. Puede llegar a ser frustrante ese paso tan lento, ese reloj que no avanza, ese día que esperas con ansia pero que parece esconderse más allá del de la montaña más lejana, como si abrieras una puerta y otra y otra, pero ninguna diera a la calle. Y esperas y esperas y esperas... Así es el tiempo de niño, el tiempo lento.

Yo dejé de ser un niño hace unos cuantos años. Y en contra de lo que parece pasarle a la mayoría, no añoro esa época. No porque no fuera feliz ni porque mis padres no me quisieran ni nada de eso, al contrario, simplemente no lo añoro porque no tenía el control de las cosas. El tiempo era lento, pero no sabía cómo aprovecharlo del todo.

El sol era especialmente brillante pero no sabía cómo posarlo sobre mí.

La noche era estrellada pero no sabía contar todas las estrellas.

La belleza de esas mujeres era el escaparate de la juguetería cerrada.

Y el tiempo era infinito pero no sabía qué hacer con él.

Cuando ya me hice mayor, el tiempo ya parecía ir mucho más deprisa, mucho. A mí esto nunca me preocupó, el tiempo es tiempo y yo soy inmortal hasta que deje de serlo. ¿Lento? ¿deprisa? No me importa, no me importa. Así está bien.

Pero en esa época adulta alguna vez pensaba lo fabuloso que sería sentir el tiempo lento y el control. Ambas cosas al mismo tiempo. El tiempo lento de la infancia, el control y la experiencia de la madurez. Poder ralentizar el tiempo. Poder hacer que vaya tan despacio que casi parezca detenido. En definitiva, volver al tiempo lento de la infancia. Una combinación maravillosa pero inalcanzable.

¿Inalcanzable?

Un día de verano, ya mayor, soñé con la mujer sueño. Soñé conocerla. Quizá la conocí. La mujer con la que soñaba de niño y que nunca tenía cara. No me enamoré a primera vista, fue a segunda vista. Que es infinitamente mejor y mucho más real. Fue todo en las mismas 24 horas, pero en dos tiempos. Pero eso da para que se lo escriba otro día, en otro momento. Algo así merece un capítulo especial. Mucha gente se enamora a primera vista, pero como digo, es mejor a segunda. Pero eso lo hablamos otro día.

El caso es que la mujer sueño y yo quedamos un día en vernos en un pueblo perdido y pusimos una fecha. Un día concreto, una hora exacta. Sería nuestro día 1. Y la fijamos con unos cuantos días de antelación. Pusimos esa fecha y simplemente, esperé y la honré. Esperé aquel encuentro. Y sucedió algo mágico hasta que llegó el día, algo por lo que merece la pena vivir, algo por lo que merece la pena conocer a una persona así.

Eran tantas las ganas de verla, que volvió el tiempo lento. Eran tantas las ganas de mirarla, de acariciarla, de olerla, que el tiempo se volvió tortuga. Me regaló el tiempo lento, siendo un hombre adulto. Otra vez se paró el reloj. El amor paró el reloj. El sueño imposible. El desafío a la vida. Volver al tiempo lento de una infancia dejada atrás hace mucho. De repente me vi atrapado en unos días donde tenía el tiempo lento de la infancia y el control de la madurez. Yo nunca añoré la infancia, no me gustaba ese tiempo tan lento sin saber manejarlo. Me gusta ser adulto, sin embargo, este regalo inesperado es mágico porque va lento lento lento y a su vez, tengo la experiencia para disfrutarlo... sé por qué va lento, sé lo que tengo que hacer, sé cómo sentirlo, cómo apreciarlo, cómo vivirlo.

Sé apreciar el regalo que no fui capaz de apreciar siendo un niño. Sentir las tardes eternas mientras la soñaba. Sentir que nunca llegaba mañana. Sentir el día del encuentro lejano como nadar hasta el otro lado del mar. Sentir el incomparable placer de que ese día jamás llegaría. Que siempre faltaba mucho. Que siempre estaba lejos. La belleza del tiempo lento.

Así que gracias. Me has regalado magia, me has regalado el tiempo lento de mi infancia, que es algo con lo que no me atreví a soñar de adulto.

Bueno, eso fue lo que le escribí a la mujer sueño, *El cuento del tiempo lento.*

Pero ahora, sigamos con lo que te estaba diciendo de mi infancia y lo que puedes sacar tú de todo esto. Antes de descubrir que ya no era un niño, me inventé un juego, un juego simple y tremendamente entretenido. Para mí. Lo único que tenía que hacer era pillar una silla del salón de mi casa. Las patas de la silla hacían de portería. Y con una pelota del tamaño de las pelotas de tenis, pero de espuma, me ponía a jugar al fútbol. Yo hacía de un equipo, del rival, de ambos porteros y de árbitro. También gritaba los goles como si fuera un estadio gigante repleto de hinchas. (De pequeño los llamaba «chinchas», solía decir: «¡¡¡Los "chinchas" gritan enfurecidos!!!».) Me pasaba horas y horas jugando a eso, solo. Me encantaba. A veces el árbitro pitaba alguna falta y ponía una zapatilla entre la silla y yo a modo de barrera. Todo muy profesional. Durante al menos tres años, jugué a eso casi todos los días. En verano, todos los días. Apuntaba los resultados en un papel y hacía mis propios campeonatos. Una tarde, no recuerdo el día, sólo recuerdo que hacía calor y que serían las cinco o por ahí, iba a jugar otra vez a lo mismo. Coloqué mi silla en forma de portería, pillé mi bola de espuma y cuando estaba a punto de empezar, me quedé quieto y pensé: «¿Qué puta gilipollez es ésta?».

De repente, de un día para otro, dejó de interesarme. Aquello me parecía un aburrimiento, una cosa infantil. No fue progresivamente, fue literalmente de un día para otro. ¿Qué coño había pasado? Me sentí bastante perdido. Supongo que es como una relación en la que llevas años, lo mismo pasas completamente del que tienes al lado, pero, no sé, como que se te hace raro que no esté. Como que si se larga, estás algo desconcertado una temporada. En cierta manera, eso me pasaba a mí. Estaba desconcertado, no sabía qué hacer con mi vida. De repente, sentí que ya no era un niño. No sabía lo que era, pero el niño que era hasta ese momento, ya no lo era. Recuerdo con total nitidez ese día. Del desconcierto pasé a la tristeza. Me duró unos días, pero fueron días largos, también de tiempo lento y tristes. Yo quería seguir jugando a eso, a lo mismo que cada tarde, quería pasar las horas así, entretenido con mi juego de fútbol solitario, pero no había manera. Se había perdido la magia, sin avisar, sin poder gestionarlo, sin poder asimilarlo, se fue, sin más, como la muerte inesperada. En esos días de desconcierto, el juego cambió. Ya no eran ni los *Másters del universo*, ni las chapas, ni los partidos solitarios. Entonces el juego empezó a ser pensar. Empecé a pensar en la mujer sueño. Empecé a pensar en escribir montones de libros y venderlos. Empecé a soñar con cosas diferentes. Y lo que hasta entonces era una costumbre al venir del colegio, escribir un rato para poner orden en mi cabeza, se convirtió en una obsesión. Escribí todos los días compulsivamente. Y rápidamente dejé de estar triste.

Lo que te quiero decir con este epílogo del tiempo lento es que escribas. En serio, no me malinterpretes, no lo digo como escritor o no escritor, no lo digo como consejo del todo a cien, no lo digo de forma paternalista ni pensando que una cosa que fue solución para mí, lo pueda ser para ti. No van por ahí los tiros.

Lo digo porque, indudablemente, escribir es para todos. Por supuesto, también es para ti. Escribir nuestra historia y nuestras emociones da sentido a todo. Escribir es el tiempo lento del adulto, la conexión con los pasados y los futuros. El tiempo lento. Darle forma, pensarlo, todo se ralentiza. Sea como sea el resultado final de tu escritura, vivas o no vivas de ello, vendas muchos libros, pocos, ninguno o ni siquiera publiques nada nunca, la escritura, las palabras, las íntimas conversaciones contigo mismo, serán una amistad inquebrantable en tu vida. Una alianza inmortal. Una conexión con tu infancia, una conversación con tu niño, con tu yo pequeño, un homenaje a tus ancestros, un hilo con la eternidad. Todo tiene sentido si lo escribes. Si tu vida es basura, si la vida se ha convertido en un infierno, siempre te quedará escribir, crear tus propios mundos, refugiarte en ellos, desarrollarte en ellos, respirar en ellos. No hay nada más importante que escribir. Hablo de lo que uno mismo puede hacer sólo para uno mismo, y nada es más importante que escribir. Ante una situación podrida, ante un mundo hostil y estúpido, escribir es un enorme bálsamo. Son tantos los beneficios de escribir, es tan importante hacerlo, que podríamos escribir otro libro con ello. Pero lo podemos hacer más fácil, simplemente, hazlo, hazlo cada día y ve sintiendo la caricia y el aguijón. La mano de hierro y la mano de algodón.

Escribir siempre te hará mejor persona. Si eres un coñazo y estás todo el día llorando, escribiendo evitamos que les llores a los demás. Eres mejor persona y le haces un favor al mundo. Un asesino arrepentido siempre será mejor si escribe su arrepentimiento que si sólo lo piensa. Y cualquier persona en general, al escribir conoce mundos, conecta puntos que no podría conectar de otra manera. Y ese aprendizaje siempre te hará mejor.

Escribir es adictivo, es casi seguro que te pasará a ti también. Y esa emoción de poder sentarte a escribir... A mirar el mundo según sale de tu cabeza directo a las yemas de tus dedos, y ver la forma que adquiere, y ver las imágenes que te trae a la cabeza, las visiones, y poder poner orden en ese caos... ese ritual milenario del poder de las historias. Da igual que no te publiquen ni te compren, aunque si es tu deseo, te deseo toda la suerte del mundo, pero el simple acto de escribir eleva tu vida a otras dimensiones. Pero no te pretendo engañar, si escribes, es muy posible que desees que alguien lo lea. Aunque si es sólo para ti, está bien también. Cuando tú escribes es una forma de terapia, es una forma de focalizar tus energías y tu paso por la vida, dejas a un lado preocupaciones, sólo quieres captar lo que hay dentro de ti, y, sea lo que sea, sacarlo es un exorcismo, un maravilloso ritual. Y, ¿por qué no?, puede que también cambie tu vida laboral. Quizá este libro te pueda ayudar, quizá haya sido capaz de transmitirte el poder de las historias y que veas que es tan mágico como real, algo que se puede vender. Y casi siempre, se debe.

Personalmente no me puedo imaginar qué habría sido de mi vida sin escribir, no me puedo imaginar el horror de lo que habría pasado. He pasado momentos que, si no los hubiera escrito, ahora estaría muerto o encerrado en un manicomio. Te invito a escribir, harás un mundo mejor. Y olvida críticos, olvida halagos, olvida todo, no es un examen, no es el colegio, escribir es un acto de libertad infinito. Escribes lo que quieres, cuando quieres, sobre lo que quieres.

Escribir es tan puro que puedes enfrentarte a los gigantes con sus mismas armas. Porque en realidad, sólo te enfrentas a ti. Tú mismo que ahora me lees podrías comprar un dominio en internet y podrías ponerte a competir conmigo esta misma tarde. Podrías empezar a escribir cartas de ventas, e-mails, lo que quieras. (Esto es una realidad y una de las razones por las que nunca temo a la competencia, es más, la alimento.) Escribir es una forma de libertad salvaje, el verdadero storytelling es salvaje. Si quiero hacer una película, por ejemplo, por mucho talento que tenga, si no dispongo de recursos de ningún tipo, lo tendré muy jodido. Así empezaron la mayoría, pero no vas a poder competir con

Martin Scorsese esta tarde. Vas a necesitar unos buenos estudios de grabación. Unos actores de alto nivel. Un director de fotografía de los mejores del mundo. La lista es muy larga para competir hoy con Scorsese. Si estás ahí tirado en el salón de tu casa, no podrás competir con él esta tarde. Si tienes talento (y, sobre todo, perseverancia) entonces llegarás lejos, pero no vas a poder competir esta misma tarde con Scorsese. Hasta aquí todos de acuerdo, hasta mis *haters*, que, aunque tengan el cerebro en modo avión y no se enteren de nada, esto lo han entendido.

¿Pero escribir? No sólo puedes competir conmigo esta misma tarde, es que puedes competir con Henry Miller. Con Dostoyevski. Con quien quieras y contra quien puedas. La escritura (fuente de rentabilidad extrema en los negocios) es, sin lugar a duda, el arte más salvaje de todos. Y en mi opinión no solicitada de hoy, el más puro. Una chica encerrada en su habitación, rajada por el dolor, puede ponerse a escribir y ganar más dinero que toda la plana del gobierno de turno.

¿Injusto?

¿Justo?

A mí me parece muy justo.

Me excita eso. Es una batalla ganada por el bien.

Bien.

Lo que te quiero decir es que con internet, si sabes cómo enganchar audiencias en la comunicación, esto es, principalmente escribiendo, no sólo te puedes hacer rico, es que además tienes las mismas posibilidades que cualquier otro. Empezando esta misma tarde. Una página en blanco y un boli. Eso es todo lo que necesitas. No hay trampa. Escribe una página de ventas para que te contraten. Cuélgala en internet o mándala física a montones de empresas. Cada uno se puede poner las excusas que quiera, pero lo voy a repetir.

Esta misma tarde no es que puedas estar compitiendo conmigo. Es que puedes estar compitiendo con... ¡¡¡CERVANTES!!!

Venga, no seas de los que critican y ten cojones.

Dicho todo esto sobre la escritura y sobre la angustiosa sensación de imaginar una vida sin poder escribirla, quiero dedicar estas breves líneas finales a los que me quieren. Allá va:

Soy una persona autorrealizada. Me podría morir mañana mismo y me moriría feliz. No quiero morirme, no me malinterpretes, ni tengo ninguna intención de morir mañana, es más, sueño con la inmortalidad, pero quiero que sepas que si me muero mañana, no deberías estar triste. De niño soñaba con escribir. De mayor, además, soñaba con vivir de ello, poder dedicar mis días a escribir y no tener que ir a ningún trabajo estúpido. Soñaba con publicar en alguna gran editorial. Soñaba con firmas de libros, con cientos de personas haciendo cola. Visitando otros países del mundo para presentar mi obra, incluso que la tradujesen a algún otro idioma. Soñaba con montones de entrevistas. Con artículos. Soñaba con todo eso. Y pude cumplir mi sueño de niño. Pude alcanzarlo. A pesar de todo, pude alcanzarlo. Viví todo eso. Más grande de lo que soñé, en realidad. No te puedes imaginar el inmenso placer que eso supone para mí. El dar sentido a toda una vida. La sensación de paz y de no haber defraudado a mi yo niño. Hablo con él todos los días, todos los días sin excepción. Desde que me abandonó para que siguiera mi camino aquella tarde que quería jugar al fútbol solitario. Desde entonces lo he buscado, perseguido, preguntado, aconsejado y cuidado. Desde ese día. Y él fue el que me guio y buscó acomodo para mí, porque cuando dejé de ser niño, me perdí. Y él me señaló el camino y me dijo, escríbelo. Siéntelo. Suéñalo. Y lo escribí y lo sentí y lo soñé. Y trabajé duro. Y le dio sentido a todo. Y lo logré. Vine para algo. Ahora viviré cada día como si fuera el mejor, hasta el final, que sea cuando sea, me encontrará realizado. Soy alguien muy afortunado y a ti que me quieres, te lo quiero hacer saber.

* Recuerdo la primera vez que me hice una paja, tenía nueve años. Pero eso lo contaré otro día, que me ha quedado muy bien este final tal como está.